SCHENK DIR ZEIT
Texte – Bilder – Lieder

SCHENK DIR ZEIT

Texte · Bilder · Lieder

Evangelischer Presseverband für Baden e. V. Karlsruhe

Erarbeitet und zusammengestellt von Pfarrerinnen und Pfarrern, Religionslehrerinnen und Religionslehrern der Evangelischen Landeskirche in Baden:

Manfred Diegel

Wiebke Dornauer

Armin Jäkel

Wolfram Klein

Michael Lipps

Erika Niemann

Christiane Olbrich

Manfred Wahl

Karlfrieder Walz

Die Deutsche Bibliothek – CIP-Einheitsaufnahme

Schenk dir Zeit: Texte – Bilder – Lieder / Evangelischer Presseverband für Baden e. V., Karlsruhe. – 3. Aufl. – Karlsruhe: Verl. Evang. Presseverb. für Baden, 1995.
   ISBN 3-87210-345-8

herausgegeben
von Christiane Olbrich
Karlsruhe 1995, 3. Auflage
© Evangelischer Presseverband für Baden e.V. Karlsruhe
Kapitelgraphiken: Akelei Repgen, Düsseldorf
Notenbilder: Eva-Maria Salomon, Lübeck
Graph. Gestaltung
Einband: Bernhard Kutscherauer
Gesamtherstellung Clausen & Bosse, Leck

INHALT

VORWORT

„Schenk dir Zeit" liegt in der zweiten, überarbeiteten Auflage vor Ihnen. Gewachsen ist dieses Buch aus der Zusammenarbeit zwischen Religionslehrerinnen, Religionslehrern und Pfarrerinnen und Pfarrern. Die Freude am Umgang mit den hier gesammelten Texten, Bildern und Liedern hat sich herumgesprochen.

Bewährt hat sich die Sammlung offenbar als eine Art „Hausbuch" zum vielfältigen Gebrauch in Gemeinde, Schule und Familie. Es lädt zum Vorlesen ebenso ein wie zur Gestaltung von Andachten in verschiedenen Zielgruppen, zu unterschiedlichen Zeiten des Tages, des Jahres, des Lebens. Für den Unterrichtsbeginn lassen sich Texte, Lieder finden – und für das ganz persönliche Nachsinnen, bis hinein in die Einsamkeit der Nacht.

So möchte dieses Buch helfen, in der Gruppe oder allein den eigenen Rhythmus der Tage, des Lebens zu finden, ihn zu entdecken in der Spannung zwischen der Intimität der einzelnen Zeile und der Vielstimmigkeit eines Kanons.

Gegenüber der 1. Auflage wurde ein knappes Viertel der Texte, Lieder und Bilder durch neue Inhalte ersetzt. Darüber hinaus wurde manches überarbeitet und für den praktischen Gebrauch noch zugänglicher gemacht. Die offensichtlich gerne genutzten Verzeichnisse wurden ebenfalls überarbeitet und zum Teil erheblich erweitert.

Der Aufbau des Buches mit den meditativen Graphiken zu den einzelnen Kapiteln (Akelei Repgen, geb. Zurhelle) wurde beibehalten:

1. Versammelt zum Fest
2. Aufbrechen zum Leben
3. Geschenkte Zeit wahrnehmen

Das erste Kapitel entfaltet mögliche Schritte zum Beten. Ein ausgeführter Vorschlag für den Morgen und den Abend findet sich unter 3.1 und 3.3. Er läßt sich je nach Ort, Situation und Thema variieren.

Die Auswahl der Sammlung im zweiten Kapitel stellt Aspekte von Grundsituationen des Menschseins, der Grundbefindlichkeit des Menschen und seiner Verantwortlichkeit für sich und andere in den Vordergrund.

Das dritte Kapitel orientiert sich an den Tageszeiten und den Zeiten des Kirchenjahres. Sie markieren Zeit-Punkte als Gelenkstellen ebenso wie Schwingungen in der Entwicklung persönlichen und gemeinschaftlichen Lebens.

Im Register am Ende des Buches sind Stichworte zu Alltagserfahrungen des Glaubens zusammengestellt, die es erleichtern mögen, die vorliegende Sammlung themen-, situations- und erfahrungsbezogen zu erschließen.

Eine alphabetisch geordnete Liste von Liedanfängen, Kanons und Kehrversen soll eine schnelle Orientierung für unterschiedliche Verwendungsabsichten sicherstellen.

Das gleiche gilt für die Liste der aufgenommenen Bibelstellen, das Autorenverzeichnis der Texte sowie das thematische und Autorenverzeichnis der Bilder.

Auch wenn sie sich als Buch darstellt, ist diese Sammlung nicht abgeschlossen. Wer sie genießt und mit ihr arbeitet, dem werden weitere Texte einfallen, der wird bunte Bilder vom Leben phantasieren, der wird weiterbeten und lauschen, dem werden sich noch andere Lieder singen.

Was aber in dieser Sammlung zusammengetragen ist, möchte zu eigener Gestaltung, zu eigenem Gestalt-Werden ermutigen, zu einem Glauben, der fähig geworden ist und bereit, sich auszudrücken:

Vom Fest her gibt er den Alltagen eine freundliche Gestalt, der Sehnsucht ein Haus darin zu wohnen,

den Träumen der Hoffnung verleiht er ein helles Gesicht, dem Leben in der Zeit einen besonnenen Augenblick.

Allen, die zur zweiten Auflage dieses Buches beigetragen haben, sei von Herzen gedankt: Gerlinde Walther war konzentriert und ausdauernd um eine vorzügliche Vorlage der Texte besorgt. Melanie Grindler hat mit viel Sachverstand und hohem Einfühlungsvermögen das Zustandekommen dieser 2. Auflage betreut. Bernhard Kutscherauer gab mit der Umschlagsgestaltung dem Buch ein neues Gesicht. Der Verlag ist auf unsere vielfältigen Wünsche und Vorschläge geduldig und großzügig eingegangen.

Möge das Buch zu dem dreifachen Zeitgewinn verhelfen, der schon sein Entstehen begleitete:

Zeit für sich
Zeit für andere
Zeit für Gott . . .

VORWORT ZUR 3. AUFLAGE

Geschenkte Zeit ist das Kostbarste, was Menschen einander geben können.

Das vorliegende Buch erlebt hiermit seine 3. Auflage, weil offenbar vielen dieses Geschenk gemacht wurde.

Wir freuen uns darüber und hoffen, daß diese Kostbarkeit sich auch weiterhin fleißig verbreiten möge, zur Freude aller, die damit und dadurch beschenkt werden.

September 1995

1.
VERSAMMELT ZUM FEST

1. VERSAMMELT ZUM FEST

1.1 gerufen
zu Sammlung, Stille, Anbetung, Psalm

GOTT RUFT MOSE

Mose hütete die Schafe. Am Berg Sinai sah er: Ein Dornbusch brannte und wurde doch nicht zu Asche! So ging er hin, um zu erfahren, wie das sein kann.
Da sprach der Herr: Mose, Mose!
Er antwortete: Hier bin ich!
Gott sprach: Tritt nicht heran! Lege deine Schuhe ab, denn der Ort (Boden?),auf dem du stehst, ist heilig. Dann sprach er: Ich bin der Gott deines Vaters, der Gott Abrahams, der Gott Isaaks und der Gott Jakobs.
Da verhüllte Mose sein Antlitz; denn er fürchtete sich, Gott anzuschauen.

Mose
am Dornbusch

aus: Die Heilige Schrift mit Bildern von Rudolf Schäfer, mit Genehmigung der Deutschen Bibelgesellschaft

Und der Herr sprach: Ich habe das Elend meines Volkes in Ägypten wohl gesehen und weiß, wie sehr sie leiden müssen. Darum bin ich gekommen, sie aus der Gewalt der Ägypter zu befreien und sie von dort weg in ein Land zu führen, wo Milch und Honig fließt. Dich, Mose, habe ich bestimmt, mein Volk aus Ägypten zu führen. So gehe zum Pharao, ihm dies zu sagen.

Mose sprach zu Gott:
Wer bin ich denn?
Wie kann ich zum Pharao gehen
und das Volk aus Ägypten führen!
Gott aber sprach:
Ich werde immer bei dir sein!
Dies ist das Zeichen,
daß ich selber dich schicke:
Hast du das Volk aus Ägypten geführt,
so werdet ihr an diesem Berg Gott hören
und in seinen Dienst treten.
Mose sprach zu Gott:
Ich gehe zu dem Volk Israel und sage:
Der Gott eurer Väter schickt mich zu euch!
Dann werden sie fragen:
Wie heißt denn Gott? Wie ist sein Name?
Was soll ich dann zu ihnen sagen?
Gott sprach zu Mose:
Sage ihnen, ich heiße:
„Ich bin, der ich bin."
Und er sprach weiter:
Sprich zu den Söhnen Israels:
Gott, für den es keinen Namen gibt,
sagt von sich:
Ich werde da sein und bin immer da.
Er schickt mich zu euch!
Er ist der Gott Abrahams, Isaaks und Jakobs
und will euch aus Ägypten führen
in ein gutes Land,
das er für euch bestimmt hat.

2. Mose 3,1-15.18-21, erzählt von A. Pokrandt

ICH WILL DICH TÄGLICH LOBEN

KEHRVERS

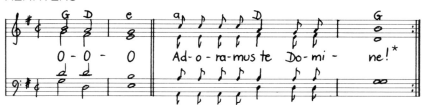

„Gesang aus Taizé" – Musik: Jacques Berthier;
© Les Presses de Taizé
Deutsche Rechte: Christophorus-Verlag, Freiburg

Eine(r):   Ich will dich erheben, mein Gott, du König, /
und deinen Namen loben immer und ewiglich. +

Alle: Ich will dich täglich loben /
und deinen Namen rühmen immer und ewiglich. +

Eine(r):   Der Herr ist groß und sehr zu loben, /
und seine Größe ist unausforschlich. +

Alle: Kindeskinder werden deine Werke preisen /
und deine gewaltigen Taten verkündigen. +

Eine(r):   Sie sollen reden von der hohen, herrlichen
Pracht /
und deinen Wundern nachsinnen; +

Alle: Sie sollen reden von deinen mächtigen Taten /
und erzählen von deiner Herrlichkeit; +

Eine(r):   sie sollen preisen deine große Güte /
und deine Gerechtigkeit rühmen. +

KEHRVERS

Eine(r):   Gnädig und barmherzig ist der Herr, /
geduldig und von großer Güte. +

Alle: Der Herr ist allen gütig /
und erbarmt sich aller seiner Werke. +

* deutsch: Wir beten dich an, Herr
summen — singen — summen

14

Eine(r):	Es sollen dir danken, Herr, alle deine Werke /
	und deine Heiligen dich loben +
Alle:	und die Ehre deines Königtums rühmen /
	und von deiner Macht reden, +
Eine(r):	daß den Menschen deine gewaltigen Taten kundwerden /
	und die herrliche Pracht deines Königtums. +
Alle:	Dein Reich ist ein ewiges Reich, /
	und deine Herrschaft währet für und für. +
Eine(r):	Der Herr ist getreu in all seinen Worten /
	und gnädig in allen seinen Werken. +

KEHRVERS

Eine(r):	Der Herr hält alle, die da fallen, /
	und richtet alle auf, die niedergeschlagen sind. +
Alle:	Aller Augen warten auf dich, /
	und du gibst ihnen ihre Speise zur rechten Zeit. +
Eine(r):	Du tust deine Hand auf /
	und sättigst alles, was lebt, nach deinem Wohlgefallen. +
Alle:	Der Herr ist gerecht in allen seinen Wegen /
	und gnädig in allen seinen Werken. +
Eine(r):	Der Herr ist nahe allen, die ihn anrufen, /
	allen, die ihn ernstlich anrufen. +

KEHRVERS

Psalm 145

BETEN

Du wirst vielleicht durch lange Übung langsam
Die ersten Zeilen des Gebetes lernen.
Wenn du sie kannst, wird er dich dann entfernen
Aus dem Bereich der leicht gesagten Worte.

Und diese ersten Zeilen des Gebetes
Sind alles, was du mitnimmst auf die Reise.
Sie bleiben die nie aufgezehrte Speise
Für dich an dem von ihm bestimmten Orte.

Du wirst die ersten Zeilen des Gebetes
Mitbringen, wenn du wiederkehrst von drüben,
Und ihrer mächtig wirst du weiterüben -
Und einmal wird Gebet sein ohne Worte.

aus: Ina Seidel: Gedichte
© Deutsche Verlagsanstalt

SCHWEIGE UND HÖRE

Text: Benediktsregel
Melodie: aus England

MIT HERZEN, MUND UND HÄNDEN

Manchmal ist mein Gebet
so wie ein Arm,
den ich nach oben recke,
um dir zu zeigen,
wo ich bin,
inmitten von Milliarden
Menschen.

Manchmal ist mein Gebet
so wie ein Ohr,
das auf ein Echo wartet,
auf ein leises Wort,
auf einen Ruf
aus deinem Mund.

Manchmal ist mein Gebet
wie eine Lunge,
die sich dehnt,
um frischen Wind
in mich hineinzuholen —
deinen Hauch.

Manchmal ist mein Gebet
wie eine Hand,
die ich vor meine Augen lege,
um alles abzuschirmen,
was mir den Blick zu dir
verstellt.

Manchmal ist mein Gebet
so wie ein Fuß,
der fremden Boden prüft,
ob er noch trägt,
und einen Weg sucht,
den ich gehen kann.

Manchmal ist mein Gebet
so wie ein Herz,
das schlägt,
weil ohne seinen Schlag
das Leben nicht mehr
weitergeht.

Manchmal ist mein Gebet
nur ein gebeugter Kopf
vor dir -
zum Zeichen meiner Not
und meines Dankes
an dich.

Einmal wird mein Gebet
so wie ein Auge sein,
das dich erblickt,
wie eine Hand,
die du ergreifst -
das Ende aller Worte.*

Paul Roth

zitiert nach „Gottesdienstpraxis"
von Christoph Schmidt-Emcke

* Die einzelnen Verse können schwerpunktmäßig meditiert, einzelne
Zeilen ergänzt, verändert oder auch weggelassen werden.

BEREIT

Ein Professor kam zu einem Zen-Meister, um von ihm einiges über Zen zu erfahren. Nan-in, der Zen-Meister, reichte ihm Tee. Er goß ihm Tee in die Tasse und goß weiter, als die Tasse bereits überlief. Der Professor sah die Tasse überlaufen und konnte schließlich nicht mehr an sich halten. „Die Tasse läuft über! Sie können nicht noch mehr hineingießen!"

„Wie diese Tasse", entgegenete ihm Nan-in, „sind Sie randvoll mit Ihren eigenen Ansichten und Spekulationen. Wie soll ich Ihnen Zen beibringen können, wenn Sie nicht erst einmal Ihre Tasse leeren?"

Henri J. M. Nouwen

aus: In ihm das Leben finden, 6. Aufl. 1990
© Verlag Herder, Freiburg – Basel – Wien

WECHSELNDE PFADE

Wech- seln- de Pfa - de, Schat-ten und Licht,
al- les ist Gna - de, fürch-te dich nicht.

Text: baltischer Hausspruch
Melodie: unbekannter Herkunft

Rede Herr,
dein Knecht hört

1. Samuel 3,10

Wilhelm Gross: Der Prophet empfängt die Weisungen des Herrn
© *Uwe-Karsten Gross, 32049 Herford*

GOTT
MEINE GUTE STILLE

Gott meine gute Stille,
nichts sehnt mich so sehr
wie Deine ruhende Quelle,
Dein perlendes Kommen
an die Windstille der Mittagszeit.

Gott meine quellende Mutter,
Dein heilendes Sein
im wachenden Fluß,
meine feine zartströmende Mutter,
unausgesprochen leise,
ach so überhörbar
Dein stillendes Schweigen.

Heidemarie Langer

aus: Wir Frauen in Ninive
Gespräche mit Jona
© Kreuz Verlag, Stuttgart

WIR STRECKEN UNS NACH DIR

1. Wir stre-cken uns nach dir, in dir wohnt die Le-ben-dig-keit.
Wir trau-en uns zu dir, in dir wohnt die Barm-her-zig-keit.
Du bist, wie du bist: Schön sind dei-ne Na - men.
Hal-le-lu-ja. A - men. Hal-le-lu-ja. A - men.

Wir öffnen uns vor dir,
in dir wohnt die Wahrhaftigkeit.
Wir freuen uns an dir,
in dir wohnt die Gerechtigkeit.
Du bist, wie du bist:
Schön sind deine Namen.
Halleluja. Amen. Halleluja. Amen.

Wir halten uns bei dir,
in dir wohnt die Beständigkeit.
Wir sehnen uns nach dir,
in dir wohnt die Vollkommenheit.
Du bist, wie du bist:
Schön sind deine Namen.
Halleluja. Amen. Halleluja. Amen.

Text: Friedrich Karl Barth
Musik: Peter Janssens

aus: Wir fassen uns ein Herz, 1985
© *Peter Janssens Musik Verlag, Telgte-Westfalen*

Ulrike Elsäßer-Feist:
Der mutlose Hirte

aus: Mitarbeiterhilfe 6/88, CVJM-Gesamtverband

DER HERR IST MEIN HIRTE

Der Herr ist mein Hir - - te, Hal- le - lu -
ja, es wird mir nichts man- geln, Hal- le - lu - ja!

BETE

Ein Chassid fragte einmal seinen Rabbi: „Wie soll ich mich aufs Beten vorbereiten?" „Bete!" erwiderte der.

Martin Buber

HÖRE

Als mein Gebet
immer andächtiger und innerlicher wurde,
da hatte ich immer weniger und weniger zu sagen.
Zuletzt wurde ich ganz still.

Ich wurde,
was womöglich noch ein größerer Gegensatz
zum Reden ist,
ich wurde ein Hörer.

Ich meinte erst, Beten sei Reden.
Ich lernte aber,
daß Beten nicht bloß Schweigen ist,
sondern Hören.

So ist es:
Beten heißt nicht, sich selbst reden hören.
Beten heißt:
still werden und still sein und warten,
bis der Betende Gott hört.

Sören Kierkegaard

SINGET DEM HERRN

„Gesang aus Taizé"
Musik: Jacques Berthier;
© Les Presses de Taizé
Deutsche Rechte:
Christophorus-Verlag, Freiburg

KEHRVERS

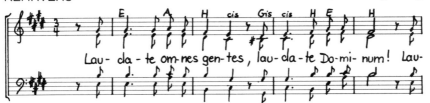

Lau- da- te om- nes gen- tes, lau- da- te Do- mi- num! Lau-

da- te om- nes gen- tes, lau- da- te Do- mi- num!*

Eine(r): Singet dem Herrn ein neues Lied,/
         denn er tut Wunder. +
         Er schafft Heil mit seiner Rechten/
         und mit seinem heiligen Arm. +

Alle: Der Herr läßt sein Heil kundwerden;/
         vor den Völkern macht er seine Gerechtigkeit
         offenbar. +

Eine(r): Er gedenkt an seine Gnade und Treue für
         das Haus Israel,/
         aller Welt Enden sehen das Heil unseres Gottes. +

         KEHRVERS

Eine(r): Das Meer brause und was darinnen ist,/
         der Erdkreis und die darauf wohnen. +

Alle: Die Ströme sollen frohlocken,/
         und alle Berge seien fröhlich vor dem Herrn; +

Eine(r): denn er kommt, das Erdreich zu richten./
         Er wird den Erdkreis richten mit Gerechtigkeit/
         und die Völker, wie es recht ist.

         KEHRVERS

Psalm 98
* deutsch: Lobet alle Völker, lobet den Herrn

1.2 anrufen
im Danken, Klagen, Bitten, Loben,
Schuld aussprechen

AUS DER TIEFE RUFE ICH

KEHRVERS

Melodie: Winfried Pilz

© *Verlag Haus Altenberg, Düsseldorf*

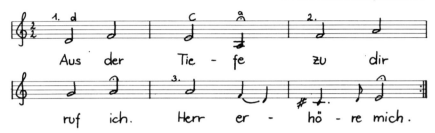

Aus der Tie - fe zu dir ruf ich. Herr er - hö - re mich.

Eine(r):	Aus der Tiefe rufe ich, Herr, zu dir. +
Alle:	Herr, höre meine Stimme! +
Eine(r):	Laß deine Ohren merken auf die Stimme meines Flehens!+
Alle:	Wenn du, Herr, Sünden anrechnen willst -/ Herr, wer wird bestehen? +
Eine(r):	Denn bei dir ist die Vergebung, / daß man dich fürchte. +

KEHRVERS

Eine(r):	Ich harre des Herrn, meine Seele harret, / und ich hoffe auf sein Wort. +
Alle:	Meine Seele wartet auf den Herrn / mehr als die Wächter auf den Morgen; +
Eine(r):	mehr als die Wächter auf den Morgen / hoffe Israel auf den Herrn! +
Alle:	Denn bei dem Herrn ist die Gnade / und viel Erlösung bei ihm. +
Eine(r):	Und er wird Israel erlösen / aus allen seinen Sünden. +

KEHRVERS

Psalm 130

26

Ernst Barlach: Verzweiflung und Empörung

ANDERER KEHRVERS

Mei - ne See- le, mei- ne See- le, war - tet auf den

Her - ren, wie die Wäch- ter auf den Mor - gen.

Al - lein, al - lein bei ihm ist Er- lö - sung.

AUS DER TIEFE RUFE ICH ZU DIR

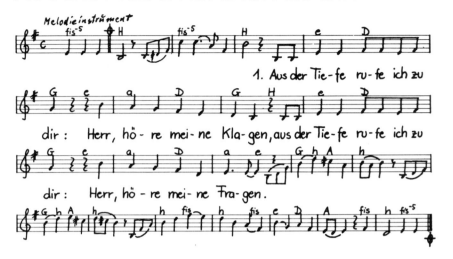

2. Aus der Tiefe rufe ich zu dir:
   Herr, öffne deine Ohren.
   Aus der Tiefe rufe ich zu dir:
   Ich bin hier ganz verloren.

3. Aus der Tiefe rufe ich zu dir:
   Herr, achte auf mein Flehen.
   Aus der Tiefe rufe ich zu dir:
   Ich will nicht untergehen.

4. Aus der Tiefe rufe ich zu dir:
   Nur dir will ich vertrauen.
   Aus der Tiefe rufe ich zu dir:
   Auf dein Wort will ich bauen.

Text: Uwe Seidel
Musik: Oskar Gottlieb Blarr

aus: Wenn der Stacheldraht blüht, 1981
© Rechte im tvd-Verlag, Düsseldorf

WOHIN ABER SOLLEN WIR GEHEN

KEHRVERS

wende – erfahren
reden wir gerne
von umkehr
der anderen

maßstab
der wende
bleiben dabei
wir selber

anders die wende
durch ihn
den messias
umkehr zu ihm
befreit mich
von mir
für gott
und die welt

wenden will er
unsre schritte
auf pfade
des friedens

stärken will er
uns die hand
zu schmieden
zur pflugschar das schwert

Text: Ez. 18, 32
Melodie: Christian Kröning
Satz: Fritz Baltruweit
aus: Kirchentagsliederheft
„Beiheft 83"
© Hänssler-Verlag,
Neuhausen-Stuttgart

Manfred Wahl

ICH KENNE MEINE GRENZEN

Meditation zu Psalm 131

Mein Gott,
die Zeiten sind vorbei,
da ich den Kopf hoch trug,
den großen Mann markierte
und jedermann Rezepte feilbot.
Schlagzeilen, Weltprobleme
hielten mich gefangen:
die Kriege fern von unserm Land,
die Armut jenseits unsrer Grenzen,
die Kämpfe, die die andern fochten.

Irgendwann, da
ist mir aufgegangen:
ich selbst bin ein Problem,
das nicht in Übersee zu lösen ist.

Irgendwann, da
ist mir klargeworden:
Du redest nicht mit mir,
um mich in eine dritte Welt zu drängen.
Du redest
und meinst — mich.

Mein Gott,
die Zeit ist da,
um selbst den ersten Schritt zu gehen.
Dem Frieden eine Chance zu geben
bei mir selbst.
Du machst es möglich.

Mein Gott,
die Zeit ist knapp.
Fang mit mir an.
Ich will den Frieden
nicht für mich behalten.

Mit freundlicher Genehmigung des Radius-Verlags Stuttgart entnommen aus:
Wolfgang Erk/Jo Krummacher (Hrsg.): Motivationen. Friedenstexte für jeden Tag.
© Radius-Verlag, Stuttgart 1982

KYRIE

A

Herr, er-bar-me Dich, er-bar-me Dich,
Herr, er-bar-me Dich, Herr, er-bar-me Dich.

Text: Liturgie
Musik: P. Janssens
aus: Ein Halleluja für dich, 1973
© Peter Janssens Musik Verlag, Telgte-Westfalen

B

1. Ky - ri - e, Ky - ri - e e - le - i - son.

2. Ky - ri - e, Ky - ri - e e - le - i - son.

3. Ky - ri - e, Ky - ri - e e - le - i - son.

„Gesang aus Taizé" - Musik: Jacques Berthier;
© Les Presses de Taizé
Deutsche Rechte: Christophorus-Verlag, Freiburg

C

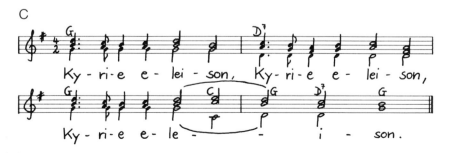

Ky - ri - e e - lei - son, Ky - ri - e e - lei - son,
Ky - ri - e e - le - - - i - son.

(siehe auch Seite 44)   *aus der orthodoxen Tradition*   *deutsch: Herr erbarme Dich*

31

ICH MÖCHTE MIT DIR REDEN

Ich möchte mit Dir reden, Gott,
aber mir fehlen die Worte.

Oft weiß ich nicht einmal,
wie ich Dich anreden soll.

Das Wort „Herr"
mag ich nicht —
und Du wohl auch nicht.

Manchmal möchte ich zu Dir
einfach „Vater" sagen,
aber ich habe Zweifel,
ob ich wirklich Dein Kind bin.

Manchmal möchte ich Dich
meine Mutter nennen,
aber das kommt mir nur schwer
über die Lippen.

Du,
ich möchte mich Dir anvertrauen;
ist es da so wichtig,
wie ich Dich anrede?

Petrus Ceelen

aus: So wie ich bin. Gespräche mit Gott,
© *Patmos Verlag, Düsseldorf (3) 1984, S. 8*

DER GESPRÄCHIGE LIEBHABER

Monatelang bewarb sich ein Freier erfolglos um ein Mädchen und litt schreckliche Qualen, daß er abgewiesen wurde. Schließlich gab die Liebste nach. „Komm dann und dann dort und dorthin", sagte sie zu ihm.

Endlich saß also der Freier zur festgesetzten Zeit am festgesetzten Ort neben seiner Liebsten. Er griff in die Tasche und zog ein Bündel Liebesbriefe heraus, die er ihr in den letzten Monaten geschrieben hatte. Es waren leidenschaftliche Briefe, die von seinem Schmerz sprachen und von dem brennenden Wunsch, die Wonnen der Liebe und Vereinigung zu kosten. Er begann, sie seiner Liebsten vorzulesen.

Schließlich sagte die Frau: „Was bist du doch für ein Narr! Diese Briefe handeln alle von mir und deiner Sehnsucht nach mir. Nun sitze ich doch hier neben dir, und du liest weiter deine dummen Briefe vor."

„Hier sitze ich neben dir", sagte Gott zu seinem eifrigen Anhänger, „und du zerbrichst dir den Kopf weiter über mich, bemühst deine Zunge, um über mich zu reden, und Bücher, um über mich zu lesen. Wann wirst du endlich still und spürst mich?"

Anthony de Mello

aus: Warum der Vogel singt, 9. Aufl. 1991
© Verlag Herder, Freiburg – Basel – Wien

STAUNEN

Die ganze Welt von dir, Herr,
wie ein Stäubchen auf der Waage,
wie ein Tautropfen, der zur Erde fällt.
Du erbarmst dich aller, weil du alles vermagst,
und siehst über die Sünden der Menschen hinweg,
damit sie sich bekehren.
Du liebst alles, was ist,
und verabscheust nichts von allem,
was du gemacht hast;
denn hättest du etwas gehaßt,
du hättest es nicht geschaffen.
Wie könnte etwas ohne deinen Willen Bestand
haben, oder wie könnte etwas erhalten bleiben,
das nicht von dir ins Dasein gerufen wäre?
Du schonst alles, weil es dein Eigentum ist,
Herr, du Freund des Lebens.
Denn in allem ist dein unvergänglicher Geist.

Weisheit Salomos (Apokryph) 11,22–12,1

HALLELUJA

orthodoxe Tradition

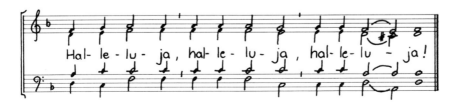

Hal- le - lu - ja, hal- le - lu - ja, hal- le - lu - ja!

DER BETENDE GAUKLER

Es war einmal ein Gaukler, der tanzend und springend von Ort zu Ort zog, bis er des unsteten Lebens müde war. Da gab er alle seine Habe hin und trat in das Kloster zu Clairveaux ein. Aber weil er sein Leben bis dahin mit Springen, Tanzen und Radschlagen zugebracht hatte, war ihm das Leben der Mönche fremd, und er wußte weder ein Gebet zu sprechen noch einen Psalter zu singen.

So ging er stumm umher, und wenn er sah, wie jedermann des Gebetes kundig schien, stand er beschämt dabei: Ach, er allein, er konnte nichts. „Was tu ich hier?" sprach er zu sich, „ich weiß nicht zu beten und kann mein Wort nicht machen. Ich bin hier unnütz und der Kutte nicht wert, in die man mich kleidete."

In seinem Gram flüchtete er eines Tages, als die Glocke zum Chorgebet rief, in eine abgelegene Kapelle. „Wenn ich schon nicht mitbeten kann im Konvent der Mönche", sagte er vor sich hin, „so will ich doch tun, was ich kann." Rasch streifte er das Mönchgewand ab und stand da in seinem bunten Röckchen, in dem er als Gaukler umhergezogen war. Mit Leib und Seele zu tanzen, vor- und rückwärts, links herum und rechts herum. Mal geht er auf seinen Händen durch die Kapelle, mal überschlägt er sich in der Luft und springt die kühnsten Tänze, um Gott zu loben.

Ein Mönch war ihm aber gefolgt und hatte durch ein Fenster seine Tanzsprünge mitangesehen und heimlich den Abt geholt. Am anderen Tag ließ dieser den Bruder zu sich rufen. Der Arme erschrak zutiefst und glaubte, er solle des verpaßten Gebetes wegen gestraft werden.

Also fiel er vor dem Abt nieder und sprach: „Ich weiß, Herr, daß hier meines Bleibens nicht ist. So will ich aus freien Stücken ausziehen und in Geduld die Unrast der Straße wieder ertragen." Doch der Abt neigte sich vor ihm, küßte ihn und bat ihn, für ihn und alle Mönche bei Gott einzustehen: „In deinem Tanze hast du Gott mit Leib und Seele geehrt. Uns aber möge er alle wohlfeilen Worte verzeihen, die über die Lippen kommen, ohne daß unser Herz sie sendet."

nach einer französischen Legende

Hubertus Halbfas
aus: Der Sprung in den Brunnen. Eine Gebetsschule,
© *Patmos Verlag, Düsseldorf (8) 1988, S. 135–137.*

GOTT

ich will dir danken
in dieser Stunde
daß ich zu essen habe
und zu trinken
daß ich lebe.

ich will dir danken
daß es Menschen gibt
die mich freundlich begleiten
für Eltern und Familie
für Freunde die mich verstehen

ich will dir danken
daß ich an dich glauben
und dich lieben darf
daß du alle Menschen liebst
auch mich
daß du mir vergibst
und ich Trost finde bei dir

ich will dir danken
für alles Glück
auch für die Augenblicke
in denen ich traurig bin
und für die Stunden
in denen du neuen Mut schenkst

Gott
ich danke dir für diese Stunde
inmitten deiner Gemeinde

Amen

Michael Lipps mit Konfirmandinnen und Konfirmanden der Johannesgemeinde Rastatt 1985/86

36

DANKEN

Lie- ber Gott, ich dan-ke dir, daß du bei mir bist,

daß du al- le Men- schen liebst und mich nicht ver- gißt, gißt.*

Text: Marianne Schmidt
Musik: Fritz Baltruweit

aus: Meine Liedertüte, 1993
alle Rechte im tvd-Verlag, Düsseldorf

LIEBER GOTT,
WIR DANKEN DIR FÜR DAS BROT

1. Lie- ber Gott, wir dan-ken dir für das Brot. Lie- ber Gott, wir
   (ich dan- ke dir)
dan-ken dir für das Brot. A- men, A- men, A - men.

2. Lieber Gott, wir danken dir für das Bett. . . .
3. Lieber Gott, wir danken dir für den Stuhl. . . .
4. Lieber Gott, wir danken dir für die Milch. . . .
5. Lieber Gott, wir danken dir für den Pullover. . . .
6. Lieber Gott, wir danken dir für das Spiel. . . .
7. Lieber Gott, wir danken dir für den neuen Tag. . . .
8. Lieber Gott, wir danken dir, daß die Sonne scheint. . . .
   Amen, Amen, Amen.

Melodie und Text: Rolf Krenzer

aus: 100 einfache Lieder Religion
© *Verlag Ernst Kaufmann, Lahr + Kösel-Verlag, München*

37

SINGET DEM HERRN, SINGET IHM MIT FREUDEN

KEHRVERS

Sin-get dem Herrn! Sin-get ihm mit Freu-den!

Prei-set ihn und dan-ket un-serm Gott!*

1. Tag um Tag will ich ihn lo-ben, im-mer-dar zu je-der Stund'.

2. Lobet Sonnen, lobet Monde, lobet ihn, ihr Sterne all.

3. Lobet ihn, ihr hohen Wolken und ihr Wasser überall.

4. Berge, Hügel, Sturm und Regen, Feuer, Hagel, Schnee und Eis.

5. Alle Bäume in den Wäldern, alle Blumen, bunt und schön.

6. Lobet ihn, was auf der Erde und was lebt im tiefen Meer.

7. Alle Wesen, die da kriechen und was fliegt im Federkleid.

8. Lobt ihn alle, die ihm dienen, seine Scharen ohne Zahl.

9. Alle Könige und Herrscher, alle Völker dieser Welt.

10. Alle Männer, alle Frauen, alle Kinder, groß und klein.

11. Er ist groß und hocherhaben, und gewaltig ist sein Reich.

Text: Arbeitskreis
Melodie: Heinrich Rohr

aus: „50 Gesänge zu Messfeier und Wortgottesdienst mit Kindern"
© Christophorus-Verlag, Freiburg

* Kehrvers ist jeweils zwischen den Versen zu singen

1.3 erinnern
im Weitererzählen
biblischer Geschichten

„SCH'MA JISRAÉL" –
HÖRE, ISRAEL

Höre, Israel: der Herr, unser Gott, ist ein Herr. Und du sollst den Herrn, deinen Gott, lieben von ganzem Herzen, von ganzer Seele und mit aller deiner Kraft. Und diese Worte, die ich dir heute gebiete, sollen dir ins Herz geschrieben sein, und du sollst sie deinen Kindern einschärfen und sollst davon reden, wenn du in deinem Hause sitzest und wenn du auf dem Wege gehst, wenn du dich niederlegst und wenn du aufstehst.

Wenn dich dann künftig dein Sohn fragt: „Was sollen die Verordnungen, die Satzungen und Rechte, die euch der Herr, unser Gott, geboten hat?" so sollst du zu deinem Sohne sagen: „Wir waren Sklaven des Pharao in Ägypten. Da führte uns der Herr mit starker Hand heraus aus Ägypten, und der Herr tat vor unsern Augen große und unheilvolle Zeichen und Wunder an den Ägyptern, am Pharao und an seinem ganzen Hause; uns aber führte er von dannen heraus, um uns (hierher) zu bringen und uns das Land zu geben, das er unsern Vätern zugeschworen hatte. Und der Herr gebot uns, nach allen diesen Satzungen zu tun und den Herrn, unsern Gott, zu fürchten, auf daß es uns wohl ergehe allezeit und er uns am Leben erhalte, wie es jetzt geschieht. Und als Gerechte werden wir dastehen, wenn wir dieses ganze Gesetz getreulich erfüllen vor dem Herrn, unserm Gott, wie er uns geboten hat."

5. Mose 6,4-7.20-25

WIR HABEN
GOTTES SPUREN FESTGESTELLT

1. Wir ha-ben Got-tes Spu-ren festge-stellt auf un-sern Men-schen-stra-ßen,
Lie-be und Wär-me in der kal-ten Welt, Hoff-nung die wir fast ver-ga-ßen.
Refrain: Zei-chen und Wun-der sa-hen wir ge-schehn in längst ver-gang-nen Ta-gen.
Gott wird auch uns-re We-ge gehn, uns durch die Flu-ten tra-gen.*

2. Blühende Bäume haben wir gesehn,
   wo niemand sie vermutet,
   Sklaven, die durch das Wasser gehn,
   das die Herren überflutet.

   Ref.: Zeichen und Wunder ...

3. Bettler und Lahme sahen wir beim Tanz,
   hörten die Stummen sprechen,
   aus toten Fensterhöhlen kam ein Glanz,
   Strahlen, die die Nacht durchbrechen.
   Ref.: Zeichen und Wunder ...

4. = 1.

Text: M. Scouarnec
Musik: Jo Akepsimas
Übersetzung: Diethard Zils

aus: Für heute und morgen, Liederbuch 1, 1981
alle Rechte im Verlag Editions Musicales, Paris
Rechte für die Übersetzung: tvd-Verlag, Düsseldorf

* die letzte Zeile kann auch als Frage gesungen werden:
„Wird Gott auch unsre Wege gehn . . . ?"

ABRAHAM

1. Habt ihr schon ge-hört von A-bra-ham, der aus Ur in Chal-
dä - a kam? Tau-send Mei-len mußt' er rei-sen
in das Land, das Gott wollt' wei-sen. Tau - send Mei-len
zog er fort, und sein Kom-pass war Got-tes Wort.

2. Habt ihr schon gehört das Gotteswort:
   Zieh aus deiner Freundschaft fort!
   Ich will segnen, die dich segnen,
   strafen, die dir schlecht begegnen.
   Ist dein Nam' auch arm und klein,
   soll allem Volk doch zum Segen sein.

Text: J. Kreiter
Musik: J. Wit

42

Reinhard Herrmann, Abraham unter den Sternen

43

ABEL STEH AUF

Abel steh auf
es muß neu gespielt werden
täglich muß es neu gespielt
werden
täglich muß die Antwort noch
vor uns sein
die Antwort muß ja sein können
wenn du nicht aufstehst Abel
wie soll die Antwort
diese einzig wichtige Antwort
sich je verändern
wir können alle Kirchen
schließen
und alle Gesetzbücher
abschaffen
in allen Sprachen der Erde
wenn du nur aufstehst
und es rückgängig machst
die erste falsche Antwort
auf die einzige Frage
auf die es ankommt
steh auf
damit Kain sagt
damit er es sagen kann
Ich bin dein Hüter
Bruder
wie sollte ich nicht dein
Hüter sein

Täglich steh auf
damit wir es vor uns haben
dies Ja ich bin hier
ich
dein Bruder
Damit die Kinder Abels
sich nicht mehr fürchten
weil Kain nicht Kain wird
Ich schreibe dies
ich ein Kind Abels
und fürchte mich täglich
vor der Antwort
die Luft in meiner Lunge
wird weniger
wie ich auf die Antwort
warte

Abel steh auf
damit es anders anfängt
zwischen uns allen
Die Feuer die brennen
das Feuer das brennt
auf
der Erde
soll das Feuer von Abel
sein
Und am Schwanz der
Raketen
sollen die Feuer von Abel
sein   *Hilde Domin*

aus: „Gesammelte Gedichte" © 1987 S. Fischer Verlag GmbH, Frankfurt am Main

KEHRVERS

„Gesang aus Taizé" – Musik: Jacques Berthier;
© Les Presses de Taizé
Deutsche Rechte: Christophorus-Verlag, Freiburg

* deutsch: Herr erbarme dich

44

JESUS

mit einer schar von freunden (freundinnen auch)
durch galiläas dörfer und städte ziehend
hat er kranke geheilt und geschichten erzählt
von der weltleidenschaft des ewigen gottes

privilegien der klasse der bildung galten ihm nichts
zu seinem umgang zählten tagelöhner und zöllner
wo mangel sich zeigte an nahrung oder getränk
teilte er fische brot und wein aus für viele

die gewalt von gewalthabern verachtete er
gewaltlosen hat er die erde versprochen
sein thema: die zukunft gottes auf erden
das ende von menschenmacht über menschen

in einer patriarchalischen welt blieb er der sohn
und ein anwalt unmündiger frauen und kinder
wollten galiläer ihn gar zum könig erheben? er aber
ging hinauf nach jerusalem: direkt seinen gegnern ins garn

auf einem jungesel kam er geritten — kleinleute-messias:
die finger einer halbweltdame vollzogen die salbung an ihm ...
bald verwirrt bald euphorisch folgten ihm die freunde die jünger
um bei seiner verhaftung ratlos unterzutauchen ins dunkel

über sein schweigen hin rollte der schnelle prozeß
ein afrikaner schleppte für ihn den balken zum richtplatz hinaus
stundenlang hing er am kreuz: folter mit tödlichem ausgang —
drei tage später die nicht zu erwartende wendung

anstatt sich verstummt zu verziehen ins bessere jenseits
brach er von neuem auf in das grausame diesseits
zum langen marsch durch die viellabyrinthe
der völker der kirchen und unserer unheilsgeschichte

oft wandelt uns jetzt die furcht an er könnte
sich lang schon verirrt und verlaufen haben
entmutigt verschollen für immer vielleicht — oder bricht
er noch einmal (wie einst an ostern) den bann?

und also erzählen wir weiter von ihm
die geschichten seiner rebellischen liebe
die uns auferwecken vom täglichen tod —
und vor uns bleibt: was möglich wär' noch

Kurt Marti

45

EXODUS

Wir sind mitgemeint
verkünden sie uns.
Wir haben eine besondere Würde
erzählen sie uns.
Die Tradition beweist es
lehren sie uns.
Wir sind einander Brüder
singen sie uns.
Jesus war eben ein Mann
sagen sie uns.
Wer wir zu sein haben
wer wir sind
deuten sie uns.
Aufstand ist unchristlich
predigen sie uns.
Ihr werdet unweiblich
ängstigen sie uns.
Zurückhaltung und dienen
befehlen sie uns.

Wenn ihr auch Ohren habt
zu hören, so hört:

Wir selbst sind gemeint
glauben wir.
Unsere Geschichte ist uns
geraubt worden
erfahren wir.
Leben als Geschwister
erstreben wir.
Jesus ist Mensch für alle
geworden
verkünden wir.
Die Suche nach uns selbst
durchleiden wir.
Sich-Aufrichten ist Gottes Wille
erleben wir.

© Christel Voß-Goldstein

KRIEGSDIENSTVERWEIGERUNG

Zwei Jahre nach dem Ereignis mit dem Mantel sollte Martin auf Befehl des Kaisers Julian mit dem Heer gegen die Germanen ziehen. Der Kaiser ließ Geschenke unter den Soldaten verteilen und hoffte, sie dadurch kampfesfreudiger zu stimmen.

Martinus aber wollte fürder nicht kämpfen und wollte des Geldes nicht empfahen, sondern sprach zu dem Kaiser: „Ich bin ein Ritter Christi, darum ziemt mir nicht zu kämpfen." Julian antwortete zornig, er, Martinus, ließe den Dienst nicht um seines Glaubens willen, sondern aus Furcht vor dem drohenden Kriege.

Da antwortete ihm Martinus mit unverzagtem Sinn: „Mißt man dies meiner Feigheit zu und nicht meinem Glauben, so will ich mich morgenden Tages bloß von Waffen vor das Heer stellen und mit dem Kreuz allein statt Schild und Helm beschirmt im Namen Christi unversehrt durch die Scharen der Feinde brechen."

aus der Legenda aurea

ES WAR EINMAL EIN REICHER MANN

Es war einmal ein reicher Mann, dessen Land hatte gut getragen. Aber anstatt auf die Idee zu kommen, seine reiche Ernte mit denen zu teilen, deren Felder verdörrt und unfruchtbar waren, sagte er sich: Das will ich tun: Ich will Sicherheitszäune errichten, um meinen Reichtum zu schützen. Ich will Mauern bauen und die anderen aussperren.

Ich will mich panzern und mich unverletzlich machen. Dann will ich sagen: Liebe Seele, nun kannst du dich endlich sicher fühlen, konsumiere in aller Ruhe und mach' dir keine Gedanken! Aber Gott sprach zu ihm: Du schrecklich kluger Realist! Diese Nacht noch wird man deine Seele von dir fordern. Denn mit deinen Sicherheitszäunen hast du dich zu Tode gesichert, mit deinen Mauern hast du dich vom Leben abgeschnitten, mit deinen Panzern hast du deine Seele erstickt. So geht es dem, dem seine eigene Sicherheit über alles geht.

Klaus Nagorni, nach Lukas 12,16-21

ICH WILL MIT DIR TEILEN

1. Du, ich hab hier Brot – zu- viel für mich al- lein. Ich will mit dir tei- len : Lass' uns Freun-de sein ! Ich geb' dir – du gibst mir. Ich will mit dir tei- len : Lass' uns Freun-de sein !

2. Du, ich hab hier Saft ...
3. Du, ich hab zwei Hände ...
4. Du, ich hab viel Zeit ...
5. Du, ich hab ein Licht ...
6. Du, ich hab ...

Oder es könnte so heißen:

„Du, ich hab zwei Beine — und bin doch ganz allein. Ich will zu dir gehen : Laß uns Freunde sein! Ich geh zu dir — du gehst zu mir : Ich will mit dir teilen : Laß uns Freunde sein!"

Oder aber:

„Du, ich hab viel Zeit — und du bist ganz allein. Ich will mit dir teilen : Laß uns Freunde sein! Ich komm zu dir — du kommst zu mir. Ich will mit dir teilen : Laß uns Freunde sein!"

Oder noch ganz, ganz anders ...

Text und Melodie : Hartmut Otto

SITZSTREIK

Nun war Elisabeth durch Konrad, ihren Beichtvater, darauf aufmerksam geworden, daß der Hof zum großen Teil aus erpreßtem Gut lebe. Da erwachte ihr Gewissen, und sie erhob Einspruch. Nach Aussage der Dienerinnen wollte Elisabeth aus Raub und Plünderungen der Armen, wie sie an Fürstenhöfen vorzukommen pflegen, ihren Unterhalt nicht bestreiten und wählte lieber die Verbannung und den Erwerb ihres Lebensunterhaltes aus ihrer Hände Arbeit. Fortan erkundigte sie sich bei Tisch nach der Herkunft der aufgetragenen Speisen und Getränke und wollte wissen, ob sie erpreßt worden seien. Kamen die Speisen aus landgräflichem Besitz, der Wein aber war erpreßt, so sagte sie zu ihren treu ergebenen Mädchen: „Heute werdet ihr nur essen können." Waren dagegen die Speisen erpreßt, während der Wein aus landgräflichen Weinbergen stammte, sagte sie: „Heute werdet ihr nur trinken können." Erfuhr sie aber, daß beides redlich erworben sei, klatschte sie in die Hände und rief fröhlich: „Wohl uns, heute können wir essen und trinken!" Sagte man ihr aber, Speisen und Wein seien gleichermaßen unrechtmäßig erworben, dann lehnte sie alles ab und saß hungernd und dürstend an der Tafel. Und sie ließ sich nicht davon abbringen."

aus der Legenda aurea

Ernst Barlach: Selig sind die Barmherzigen

GLEICHNIS IN DER PROGRESSION

verlorener
als der verlorene sohn
im elend
verlor sich
der sohn
des verlorenen sohnes
im überfluss
      er landete
      nicht am schweinekoben
      sondern hoch oben
      statt von trebern im kummer
      nährt er sich lustvoll
      mit spargelspitzen und hummer
verlorener
als der verlorene sohn
und die seinen
wartet
des sohnes
verlorener vater
bei hirten und schweinen

Mit freundlicher Genehmigung des Radius-Verlags Stuttgart entnommen aus:
Kurt Marti: geduld und revolte. die gedichte am rand
© Radius-Verlag, Stuttgart 1984

SUCHET ZUERST GOTTES REICH

Refrain: Hal- le - lu - ja, hal- le - lu - ja, hal- le -
lu - ja, hal- le- lu - ja, hal- le - lu - ja.

1. Su - chet zu- erst Got- tes Reich in die- ser Welt,
sei - ne Ge-rech-tig-keit, A - men. So wird euch al-les von
ihm hin-zu-ge-fügt. Hal- le- lu - ja, hal- le - lu - ja.

2. Betet, und ihr sollt es nicht vergeblich tun.
   Suchet, und ihr werdet finden.
   Klopft an, und euch wird die Tür aufgetan.
   Halleluja, Halleluja!

3. Laßt Gottes Licht durch euch scheinen in der Welt,
   daß sie den Weg zu ihm findet
   und sie mit euch jeden Tag Gott lobt und preist.
   Halleluja, Halleluja!

Text und Melodie: nach einem englischen geistlichen Lied
(Der Refrain kann gleichzeitig mit den Strophen gesungen werden.)

Zeichnung von Kees de Kort aus der Reihe „Was uns die Bibel erzählt",
herausgegeben von der Deutschen Bibelgesellschaft, Stuttgart
Lizenzausgabe der Niederländischen Bibelgesellschaft

BARTIMÄUS

Ich bin der, welchen er
sehend machte.

Was sah ich? Am Kreuz
ihn, hingerichtet,

ihn, hilfloser als ich war,
ihn, den Helfer, gequält.

Ich frage: Mußte ich meine
Blindheit verlieren, um das
zu sehn?

Rudolf Otto Wiemer

© J. F. Steinkopf Verlag GmbH, Hamburg

MANDELZWEIG

1. Freun-de, daß der Man-del-zweig wie- der blüht und treibt,
ist das nicht ein Fin-ger-zeig, daß die Lie- be bleibt?

2. Daß das Le- ben nicht ver-ging, so- viel Blut auch schreit,
ach- tet die-ses nicht ge-ring in der trüb-sten Zeit.

3. Tau- sen-de zer- stampft der Krieg, ei- ne Welt ver - geht.
Doch des Le- bens Blü-ten-sieg leicht im Win-de weht.

4. Freun-de, daß der Man-del-zweig sich in Blü- ten wiegt,
blei- be uns ein Fin-ger-zeig, wie das Le- ben siegt.

Text: Shalom Ben-Chorin
Musik: Fritz Baltruweit

aus: Für heute und morgen, Liederbuch 1, 1981
Textrechte: Hänssler Musik Verlag GmbH
Musikrechte: tvd-Verlag, Düsseldorf

zu Jes. 1,11, 11 + 12

Walter Habdank: Jona

.... TREIBT DIE FURCHT AUS

Die vollkommene liebe lese ich in dem buch
treibt die furcht aus
solange ich denken kann wollte ich wissen
was die vollkommene liebe sei und wo sie zu finden
und stolperte über meine füße
immer wenn ich meine ich könnte meine ängste nennen
dann finde ich unter der letzten eine allerletzte versteckt
und hinter der allerletzten von gestern kommt eine
andere hervorgekrochen
wie dumm über die eigenen füße zu stolpern
wie feige nicht alle im eigenen haus lebenden zu kennen
auch die unvollkommene liebe sag ich mir
treibt und treibt aus
viele ängste doch nicht genug
über deine stimme könnte ich zumindest das sagen
daß sie bestimmt ist und warm
und austreiberisch

Dorothee Sölle, zu 1. Johannes 4,18

aus: Spiel doch von Brot und Rosen
© *Wolfgang Fietkau Verlag, Berlin 1982*

57

BEIM LESEN
DES 2. PAULUSBRIEFES
AN DIE KORINTHER

(2. Kor 3,2.3)

Du hast geschrieben, wir sind Sein Brief.
Aber wer kann Seine Botschaft noch lesen?
Wir sind zu lang unterwegs gewesen.
Als mit dem Blute die Zeichen verblichen,
haben wir selber gedeutet, gestrichen,
borgten zuletzt uns noch fremde Hand,
bis keiner den rechten Sinn mehr verstand.

Nun steht das Wort verstümmelt und schief:
unser Fleisch war ein brüchiges Siegel,
unser Geist war ein blinder Spiegel,
und verraten brennt Korinth,
seit wir Bürger zu Babel sind.

Christine Busta

NACH ERSTEN KORINTHER DREIZEHN

Wenn ich
das Schweigen brechen könnte
und mit Menschen-
und mit Engelszungen reden
und hätte der Liebe nicht
so würde ich
leeres Stroh dreschen
und viel Lärm machen
um nichts
. . .
Und wenn ich
bei dem Versuch zu überleben
mein Damaskus hätte
und fände mich selbst
über alle Zweifel erhaben
auf dem Pulverfaß sitzend
wie in Abrahams Schoß
und hätte die Liebe nicht
als eiserne Ration
hinübergerettet
so fiele ich
auf meinen bergeversetzenden
Glauben herein
. . .
Die Liebe ist lächerlich
Sie reitet auf einem Esel
über ausgebreitete Kleider
Man soll sie hochleben lassen
mit Dornen krönen
und kurzen Prozeß mit ihr machen
Sie sucht um Asyl nach
in den Mündungen unserer Gewehre
Eine Klagesache von Weltruf
Immer noch
schwebt das Verfahren
. . .
Nun aber bleibt
Glaube Liebe Hoffnung
diese drei
Aber die Liebe
ist das schwächste
Glied in der Kette
die Stelle an welcher
der Teufelskreis bricht

Eva Zeller, Auf dem Wasser gehen
Ausgewählte Gedichte © DVA, Stuttgart 1979

59

ES LOHNT SICH

1. Nichts ist gleichgültig. Ich bin nicht gleichgültig.

2. Alles, was wir tun, hat unendliche Perspektiven, – Folgen bis in die Ewigkeit; es hört nichts auf.

3. Es bleibt nichts vergessen. Es kommt alles noch einmal zur Sprache.

4. Wir kommen aus Licht und gehen in Licht.

5. Wir sind geliebter, als wir wissen.

6. Wir werden an unvernünftig hohen Maßstäben gemessen.

7. Wir sind auf einen Lauf nach vorne mitgenommen, der uns den Atem verschlägt; Sünde = nicht mitkommen; Bitte um Vergebung = deswegen nicht abgehängt werden.

8. Es geht nichts verloren.

9. Die Philosophen sprechen von der Suche nach Gott; aber das ist, wie wenn man von einer Suche der Maus nach der Katze spräche. Wir sind auf der Flucht – und es wird uns auf die Dauer nicht gelingen. Es wird uns zu unserem Glück nicht gelingen.

10. Wir sind nicht allein.

11. Wir sind nie allein.

12. Dieses Leben ist ungeheuer wichtig.

13. Die Welt ist herrlich – die Welt ist schrecklich.

14. Es kann mir nichts geschehen – Ich bin in größter Gefahr.

15. Es lohnt sich, zu leben.

Quelle: Helmut Gollwitzer, Zur Frage nach dem Sinn des Lebens.
© *Chr. Kaiser / Gütersloher Verlagshaus, Gütersloh.*

1.4 bekennen
in der Gemeinschaft der Getauften

JESUS NACHFOLGEN

Und sie gingen in ein andres Dorf. Es begab sich aber, da sie auf dem Wege waren, sprach einer zu ihm: Ich will dir folgen, wo du hingehst. Und Jesus sprach zu ihm: Die Füchse haben Gruben, und die Vögel unter dem Himmel haben Nester; aber des Menschen Sohn hat nicht, wo er sein Haupt hinlege.

Und er sprach zu einem andern: Folge mir nach!

Der sprach aber: Erlaube mir, daß ich zuvor hingehe und meinen Vater begrabe. Aber Jesus sprach zu ihm: Laß die Toten ihre Toten begraben; gehe du aber hin und verkündige das Reich Gottes! Und ein anderer sprach: Herr, ich will dir nachfolgen; aber erlaube mir zuvor, daß ich Abschied nehme von denen, die in meinem Hause sind. Jesus aber sprach zu ihm: Wer seine Hand an den Pflug legt und sieht zurück, der ist nicht geschickt zum Reich Gottes.

Lukas 9 , 57-62

aus dem Darmstädter Hitda-Codex: Sturmstillung auf dem Meer

© Hans Thoma Verlag,
Karlsruhe

ERFAHRUNGEN,
DIE DEN GLAUBEN BESCHREIBEN:

Ich glaube, Gott,
daß ich dich in vielen Gesichtern erkenne:

Im Gesicht der Mutter, an ihrer Art, mir Liebe zu zeigen.
Im Gesicht des Vaters, an seinen Augen, die mich fordern.
Im Gesicht der Schwester, des Bruders,
an ihrer Zuwendung und an ihrer Weigerung.
Im Gesicht der Freundin, des Freundes,
die mir schenken, was ich brauche.
Im Gesicht des Mannes, der Frau, das mir nahe ist.
Im Gesicht des Kindes, das mich ansieht.

Ich glaube, Gott,
daß ich dich in vielen Gesichtern erkenne:

Ich glaube an deinen Sohn, der mir sagt: Sieh deine Nächsten.
Ich glaube an den Heiligen Geist, der uns Menschen bewegt.
Ich glaube an dich und an deine Liebe, Gott.

Ich glaube an Gott, die Kraft,
die uns zum Aufbruch bewegt, uns in die Wüste führt
und uns als Wolken- und Feuersäule voranzieht,
die in verzweifelter Situation,
gefangen zwischen Ägyptern und Schilfmeer,
einen neuen Weg öffnet.
Ich glaube an die Gemeinschaft der Ausziehenden,
die die Fleischtöpfe Ägyptens verlassen
und an der Hoffnung festhalten, daß ihr Schreien
erhört wird.

Feministisch gelesen, Band 2
hrsg. von Renate Schmidt, Meike Korenhof und Renate Jost
Kreuz Verlag, Stuttgart 1990

LIEBE UNS ALLEN

1. Sanft - mut den Män - nern! Groß - mut den Frau - en! Lie -

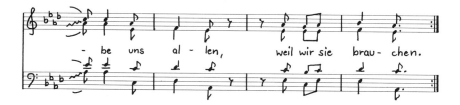

- be uns al - len, weil wir sie brau - chen.

2. Flügel den Lahmen!
   Lieder den Stummen!
   Träume uns allen,
   weil wir sie brauchen.

3. Ehrfurcht den Starken!
   Mut den Gejagten!
   Friede uns allen,
   weil wir ihn brauchen.

Originaltext

Syph' amandla Nkosi
Wokungesabi
Syph' amandla Nkosi
Siyawadinga

aus Südafrika, Übertragung ins Deutsche Gerhard Schöne,
© Gerhard Schöne

65

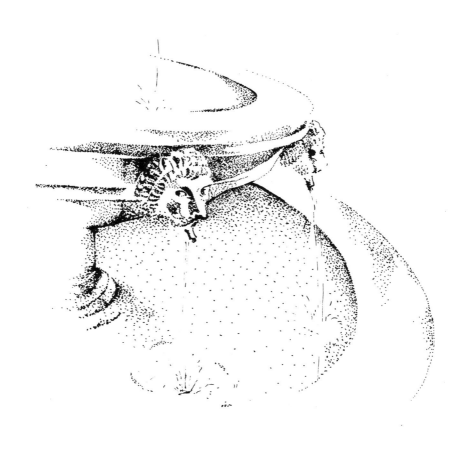

Akelei Repgen

66

LIED ZUR TAUFE

1. Kind, du bist uns anvertraut.
   Wenn du deine Wege gehst,
   werden wir dich bringen?
   Lieder wirst du singen?
   Welche Worte wirst du
   sagen und an welches Ziel dich wagen?

2. Kampf und Krieg zerreißt die Welt,
   einer drückt den andern nieder.
   Dabei zählen Macht und Geld,
   Klugheit und gesunde Glieder.
   Mut und Freiheit, das sind Gaben,
   die wir bitter nötig haben.

3. Freunde wollen wir dir sein
   sollst des Friedens Brücken bauen.
   Denke nicht, du stehst allein;
   kannst der Macht der Liebe trauen.
   Taufen dich in Jesu Namen.
   Er ist unsre Hoffnung. Amen.

Barth/Grenz/Horst (Hrsg.), Gottesdienst menschlich
Peter Hammer Verlag, Wuppertal, Neuauflage 1990

„DAS WIRD WELLEN SCHLAGEN ..."

„Inzwischen war es meinen Eltern wie durch ein Wunder gelungen, ihre Kinder noch einmal zu besuchen. Eine solche Erlaubnis war fast unmöglich zu erhalten. Zwischen 16 und 17 Uhr eilten sie zum Gefängnis. Sie wußten noch nicht, daß dies endgültig die letzte Stunde ihrer Kinder war. Zuerst wurde ihnen Hans zugeführt. ...

Darauf wurde Sophie von einer Wachtmeisterin herbeigeführt. Sie trug ihre eigenen Kleider und ging langsam und gelassen und sehr aufrecht. (Nirgends lernt man so aufrecht gehen wie im Gefängnis.) Sie lächelte immer, als schaue sie in die Sonne. Bereitwillig und heiter nahm sie die Süßigkeiten, die Hans abgelehnt hatte. 'Ach ja, gerne, ich habe ja noch gar nicht Mittag gegessen.' Es war eine unbeschreibliche Lebensbejahung bis zum Schluß, bis zum letzten Augenblick. Auch sie war um einen Schein schmaler geworden, aber in ihrem Gesicht stand ein wunderbarer Triumph. Ihre Haut war blühend und frisch — das fiel der Mutter auf wie noch nie —, und ihre Lippen waren tiefrot und leuchtend. 'Nun wirst du also gar nie mehr zur Türe hereinkommen', sagte die Mutter. 'Ach, die paar Jährchen, Mutter', gab sie zur Antwort. Dann betonte auch sie, wie Hans, fest, überzeugt und triumphierend: 'Wir haben alles, alles auf uns genommen'; und sie fügte hinzu: 'Das wird Wellen schlagen.' Das war in diesen Tagen ihr großer Kummer gewesen, ob die Mutter den Tod gleich zweier Kinder ertragen würde. Aber nun, da sie so tapfer und gut bei ihr stand, war Sophie wie erlöst. Noch einmal sagte die Mutter, um irgendeinen Halt anzudeuten: 'Gelt, Sophie: Jesus.' Ernst, fest und fast befehlend gab Sophie zurück: 'Ja, aber du auch.'

Dann ging auch sie —
frei, furchtlos, gelassen."

Aus: Hermann Vinke, Das kurze Leben der Sophie Scholl
© by Ravensburger Buchverlag 1990

ICH GLAUBE ...

Ich glaube,
daß Gott aus allem, auch aus dem Bösesten, Gutes entstehen lassen kann und will. Dafür braucht er Menschen, die sich alle Dinge zum Besten dienen lassen.

Ich glaube,
daß Gott uns in jeder Notlage soviel Widerstandskraft geben will, wie wir brauchen. Aber er gibt sie nicht im voraus, damit wir uns nicht auf uns selbst, sondern allein auf ihn verlassen. In solchem Glauben müßte alle Angst vor der Zukunft überwunden sein.

Ich glaube,
daß auch unsere Fehler und Irrtümer nicht vergeblich sind, und daß es Gott nicht schwerer ist, mit ihnen fertig zu werden, als mit unseren vermeintlichen Guttaten.

Ich glaube,
daß Gott kein zeitloses Fatum ist, sondern daß er auf aufrichtige Gebete und verantwortliche Taten wartet und antwortet.

Dietrich Bonhoeffer

GIB UNS DEINE KRAFT

Gib uns dei-ne Kraft, Bö-ses zu wen-den,
Frie-den zu stif-ten; gib uns dei-nen Geist.

Text: R. Degenhardt
Musik: P. Janssens

69

GRÜNDE

Weil das alles nicht hilft
sie tun ja doch was sie wollen

Weil ich mir nicht nochmals
die Finger verbrennen will

Weil man nur lachen wird:
auf dich haben sie gewartet

Und warum immer ich?
Keiner wird es mir danken

Weil da niemand mehr durchsieht
sondern höchstens noch mehr kaputtgeht

Weil jedes Schlechte
vielleicht auch sein Gutes hat

Weil es Sache des Standpunktes ist
und überhaupt wem soll man glauben?

Weil auch bei den andern nur
mit Wasser gekocht wird

Weil ich das lieber
Berufeneren überlasse

Weil man nie weiß
wie einem das schaden kann

Weil sich die Mühe nicht lohnt
weil sie alle das gar nicht wert sind

Das sind Todesursachen
zu schreiben auf unsere Gräber

die nicht mehr gegraben werden
wenn das die Ursachen sind

Erich Fried

MITSTREITER DES AUFERSTANDENEN

ich glaube an gott
der liebe ist
den schöpfer des himmels und der erde

ich glaube an jesus
sein menschgewordenes wort
den messias der bedrängten und unterdrückten
der das reich gottes verkündet hat
und gekreuzigt wurde deswegen
ausgeliefert wie wir der vernichtung des todes
aber am dritten tag auferstanden
um weiterzuwirken für unsere befreiung
bis daß gott alles in allem sein wird

ich glaube an den heiligen geist
der uns zu mitstreitern des auferstandenen macht
zu brüdern und schwestern derer
die für gerechtigkeit kämpfen und leiden

ich glaube an die gemeinschaft der weltweiten Kirche
an die vergebung der sünden
an den frieden auf erden für den zu arbeiten sinn hat
und an eine erfüllung des lebens über unser leben hinaus

© *Kurt Marti*

aus: *Macht, Siegfried. Gottes Geist bewegt die Erde.*
Lieder, die uns in Bewegung setzen. Bonifatius-Verlag, Paderborn 1994.
© *beim Autor*

TAUFE

Tau-fe ist der er - ste ste - te Tro-pfen Got-tes auf den hei - ßen Stein.

Text und Musik: Siegfried Macht

DER ZEN-MEISTER UND DER CHRIST

Ein Christ besuchte einst einen Zen-Meister und sagte: „Erlaubt mir, daß ich Euch einige Sätze aus der Bergpredigt vorlese."
„Ich werde mit Freude zuhören", sagte der Meister.
Der Christ las einige Sätze und blickte dann auf. Der Meister lächelte und sagte: „Wer diese Worte gesprochen hat, war wahrlich ein Erleuchteter." Das gefiel dem Christen. Er las weiter. Der Meister unterbrach und sagte: „Der Mensch, der diese Worte sprach, könnte wahrlich der Erlöser der Welt genannt werden." Der Christ war wie elektrisiert. Er las weiter bis zum Ende.
Dann sagte der Meister. „Diese Predigt wurde von einem Mann mit göttlicher Aura gehalten."
Die Freude des Christen kannte keine Grenzen. Er ging weg, entschlossen zurückzukommen und den Zen-Meister zu überzeugen, er solle selbst Christ werden.
Auf dem Heimweg traf er Christus am Straßenrand. „Herr", sagte er begeistert, „ich habe diesen Mann so weit gebracht, daß er deine Göttlichkeit anerkannte." Jesus lächelte und sagte: „Und was hat das dir gebracht, außer dein christliches Ego aufzublähen?"

Anthony de Mello
aus: Warum der Vogel singt, 9. Aufl. 1991
© Verlag Herder, Freiburg – Basel – Wien

DER HIMMEL GEHT ÜBER ALLEN AUF

Text: Wilhelm Willms   *aus: Ave Eva, 1974*
Musik: Peter Janssens   *© Peter Janssens Musik Verlag, Telgte-Westfalen*

1.5 versammelt
zum Abendmahl

AMEN, CHRISTUS JESUS, KOMM

* Der Kehrvers wird im Zusammenhang mit dem nebenstehenden Lied gesungen, eignet sich aber auch als eigenständiger Gebetsruf.

Anstelle des ausgedruckten Chorsatzes kann der Kehrvers mit der Gitarrenbegleitung des folgenden Liedes gesungen werden:

1. Er ruft die vie-len her, die Hoff-nung su-chen, die
Fremd-ge-word-nen auch ___ und dich und mich. Er
spricht: dies ist die Nacht des gro-ßen Fest-mahls, der
Tisch voll Speis und Trank aus Got-tes Reich.

2. Er nimmt den Kelch und spricht: dies ist mein Sterben
für euch und viele für das Heil der Welt.
Er spricht: dies Brot bin ich, das Brot des Lebens,
für euch gebrochen. Nehmt und werdet satt.

3. Nehmt hin und trinkt, in diesem Zeichen sichtbar
mein Fried, der von Angst und Schuld befreit.
Er spricht: dies ist der Tisch, an dem die vielen erfahren,
daß ich ihr Erlöser bin.

Text : Kurt Rose
Melodie: Fritz Baltruweit

Aus „Kirchentagsliederheft", Beiheft 83

Textrechte: Hänssler-Verlag, Neuhausen-Stuttgart
Musikrechte: tvd-Verlag, Düsseldorf

ABENDMAHL –
ZUM HOFFEN BEFREIT

Zum Hoffen befreit feiern wir dieses Fest.
Wir erinnern Israel, das in der Nacht des Auszugs
aus der Sklaverei in Ägypten das Passah feierte,
voller Hoffnung auf das verheißene Land,
zum Aufbruch bereit.
So hoffen auch wir, daß Gott uns geleite in eine neue Welt,
in der Menschen einander nicht bedrängen und unterdrücken,
sondern in Freiheit einander freundlich begegnen.

Zum Hoffen befreit feiern wir dieses Fest.
Wir sind verbunden mit Jesus Christus.
In der Nacht, als er verraten wurde, aß er
mit seinen Freunden, teilte Brot und Wein mit ihnen.
Das nährt unsere Hoffnung, daß seine Sache
auch durch seinen Tod nicht widerlegt sei,
sondern Zukunft hat.

Zum Hoffen befreit feiern wir dieses Fest.
Wir denken dabei an die Freunde Jesu.
Sie hatten ihn verraten, verlassen, verleugnet.
Und der Auferstandene trat in ihre Mitte
und brach ihnen das Brot.
Er vergibt Schuld und legt auf Versagen nicht fest.
Aus diesem Vertrauen leben wir.

Zum Hoffen befreit feiern wir dieses Fest.
Wer immer ich bin – Wege tun sich auf.
Wer immer wir sind – Orientierung läßt sich finden.
Menschen sind mit uns unterwegs, die uns begleiten.
Die Gemeinschaft mit dem lebendigen Christus
öffnet Augen und Ohren, mir und dir,
und macht unsere Schritte fest.

Michael Lipps,
nach einem Text von Gerhard Bauer

CHRISTUS IST AUFERSTANDEN

Chri - stus ist auf - er - stan - den von den To - ten

und hat den Tod durch den Tod be - siegt

und de - nen im Gra - be das Le - ben ge - bracht.

*(Dieser Osterruf der
orthodoxen Kirche
wird dreimal wiederholt)*

(aus der orthodoxen Tradition)

Bernhard Kutscherauer

FEIER DES LEBENS

Mitten in Hunger und Krieg
    feiern wir, was verheißen ist: Fülle und Frieden.
Mitten in Drangsal und Tyrannei
    feiern wir, was verheißen ist: Hilfe und Freiheit.

Mitten in Zweifel und Verzweiflung
    feiern wir, was verheißen ist: Glauben und Hoffnung
Mitten in Haß und Tod
    feiern wir, was verheißen ist: Liebe und Leben.

Mitten in Sünde und Hinfälligkeit
    feiern wir, was verheißen ist: Rettung und Neubeginn.
Mitten im Tod, der uns von allen Seiten umgibt,
    feiern wir, was verheißen ist:
    durch den lebendigen Christus.

Contemporary Prayers for Public Worship

Original englischer Text aus: „Contemporary Prayers for Public Worship",
ed Caryl Micklem, Scm Press London
Quelle deutscher Text: Jesus Christus das Leben der Welt –
Ein Gottesdienstheft Seite 34
© Oekumenischer Rat der Kirchen, Genf 1983

HEILIGER GOTT

A - gi - os o The - os, A - gi - os Js - chi - ros,
A - gi - os A - tha - na - tos, E - le - i - son i - mas!*

deutsch: Heiliger Gott, heiliger Starker, heiliger Unsterblicher, Erbarme dich unser,
orthodoxe Tradition

Rembrandt: Die Fußwaschung Johannes' 13,8

ES SOLLTE EIN FEST WERDEN ...

Irgendwo sollte eine Hochzeit gefeiert werden. Die Brautleute hatten nicht viel Geld, aber dennoch waren sie der Meinung, daß viele Menschen mitfeiern sollten. Geteilte Freude ist doppelte Freude, dachten sie. Es sollte ein großes Fest werden, beschlossen sie, mit vielen Gästen. Denn warum sollte unsere Freude nicht ansteckend sein? fragten sie sich. Es herrscht unter den Menschen ohnehin mehr Leid als Freude.

Also baten sie die Eingeladenen, je eine Flasche Wein mitzubringen. Am Eingang würde ein großes Faß stehen, in das sie ihren Wein gießen könnten; und so sollte jeder die Gabe des anderen trinken und jeder mit jedem froh und ausgelassen sein. Als nun das Fest eröffnet wurde, liefen die Kellner zu dem großen Faß und schöpften mit großen Löffeln daraus.

Doch wie groß war das Erschrecken aller, als sie merkten, daß es Wasser war. Versteinert saßen oder standen sie da, als ihnen allen bewußt wurde, daß eben jeder gedacht hatte: Die eine Flasche Wasser, die ich hineingieße, wird niemand merken oder schmecken. Nun aber wußten sie, daß jeder so gedacht hatte. Und als um Mitternacht das Flötenspiel verstummte, gingen alle schweigend nach Hause, und jeder wußte: Das Fest hat nicht stattgefunden.

Chinesische Parabel

UNSER LEBEN SEI EIN FEST

1. Un-ser Le-ben sei ein Fest. Je-su Geist in un-se-rer Mit-te, Je-su Werk in un-se-ren Hän-den, Je-su Geist in un-se-ren Wer-ken, un-ser Le-ben sei ein Fest, so wie heu-te, an je-dem Tag.

2. Unser Leben sei ein Fest.
    Brot und Wein für unsere Freiheit.
    Jesu Wort für unsere Wege,
    Jesu Weg für unser Leben.
    Unser Leben sei ein Fest
    so wie heute, an jedem Tag.

Text: J. Metternich Team
(2. Strophe: K. Rose, 1981)
Musik: P. Janssens

aus: Wir haben einen Traum, 1972
© *Peter Janssens Musik Verlag, Telgte-Westfalen*

HIMMEL UND HÖLLE

Ich, Rabbi Mendel, wünschte mir, Himmel und Hölle kennenzulernen. Da erschien der Prophet Elias und führte mich in die Hölle. Da war ein großer, langer Tisch, an dem die Menschen saßen. Ein großes Feuer brannte im Raum, der sonst leer und kahl war. Auf dem Tisch standen dampfende Suppenschüsseln, aus denen die Menschen zu essen versuchten. Aber was ich jetzt sah, war entsetzlich: Die Menschen hatten meterlange Löffel und waren nicht in der Lage, diesen Löffel an den Mund zu führen. So verschütteten sie die Suppe, stießen die Suppenschüsseln um, es herrschte ein entsetzliches Chaos. Nicht aber wurden sie satt, und die Begierde verbrannte ihr Herz.

Genug! Genug! rief ich da und bat den Propheten, mich schnell von diesem Ort wegzuführen und mir den Himmel zu zeigen. Der Prophet führte mich hin in Sekundenschnelle.

Aber welch ein Erstaunen ergriff mich! Ich sah wieder einen großen Raum! Ein Feuer brannte auch hier! Ein großer, langer Tisch stand da, an dem die Menschen saßen. Auf dem Tisch dampfende Suppenlöffel — aber statt das Unmögliche zu versuchen, mit diesen Löffeln selbst zu essen, speisten sie sich gegenseitig. So wurden alle satt, sie verschütteten nichts, und ihre Herzen schwangen in Harmonie und Frieden.

Jetzt wußte ich den Unterschied zwischen Himmel und Hölle. Ergriffen dankte ich dem Propheten, der die Verzauberung löste, und ich fand mich wieder im stillen Gedenken.

Kalenderblatt

TOD UND LEBEN

So - oft wir es - sen von die - sem Brot, so - oft wir trin - ken von die - sem Wein, ver - kün - den wir dei - nen Tod, o Herr, bis daß du kommst.

Text: Abendmahlsliturgie
Melodie: Winfried Pilz

83

DAS BROT TEILEN

Du teilst mit den Hungrigen das Brot,
du heilst die Kranken
und stärkst, die müde und matt sind.

An deinem Tisch
in Brot und Wein
werden wir
zur Gemeinschaft gesammelt,
zum Leben gestärkt
und zum Dienst der Freude berufen!

Dieter Stork

ÖFFNE UNS DIE AUGEN

Öffne uns die Augen für das Wunder des Brotes,
für das Wunder der Erde.
Öffne uns die Augen, daß wir Dich sehen,
Dich, den Gastgeber, der uns das Brot gibt.
Öffne uns die Augen, daß wir den Hunger der anderen
sehen,
das Leiden der Menschheit, die sich in Haß verzehrt
um des Brotes willen.
Du gibst uns das Brot. Du gibst uns Deine Liebe.
Hilf uns, weiterzugeben, was wir empfangen haben:
die Liebe und das Brot.

Günter Guggenberger   *vom Lutherstift Falkenburg*
in Thema 8 „Beten"
hrsg. vom Landesjugendpfarramt der
Ev.-luth. Landeskirche Hannovers

ZUM EWIGEN LEBEN

1. Dank sei dir Va-ter, für das ew-ge Le-ben und für den
Glau-ben, den du uns ge-ge-ben, daß wir in
Je-sus Chri-stus dich er-ken-nen und Va-ter nen-nen.

2. Jedes Geschöpf lebt von der Frucht der Erde;
doch daß des Menschen Herz gesättigt werde,
hast du vom Himmel Speise uns gegeben
zum ewgen Leben.

3. Aus vielen Körnern ist ein Brot geworden:
So führ auch uns, o Herr, aus allen Orten
zu einer Kirche brüderlich zusammen
in Jesu Namen.

4. In einem Glauben laß uns dich erkennen,
in einer Liebe dich den Vater nennen;
eins laß uns sein wie Beeren einer Traube,
daß die Welt glaube.

5. Gedenke, Herr, die Kirche zu erlösen;
sie zu befreien aus der Macht des Bösen,
als Zeugen deiner Liebe uns zu senden
und zu vollenden.

Text: Maria Luise Thurmair
Musik: Johann Crüger

NICHT VOM BROT ALLEIN ...

Der Mensch lebt nicht vom Brot allein,
er stirbt sogar am Brot allein,
einen allgegenwärtigen, schrecklichen Tod,
den Tod am Brot allein,
den Tod der Verstümmelung, den Tod des Erstickens,
den Tod aller Beziehungen.
Den Tod, bei dem wir noch eine Weile weitervegetieren
können, weil die Maschine noch läuft,
den furchtbaren Tod der Beziehungslosigkeit:
Wir atmen noch, konsumieren weiter,
wir scheiden aus, wir erledigen, wir produzieren,
wir reden noch vor uns hin
und leben doch nicht ...

Alleinsein
und dann alleingelassen werden wollen;
keine Freunde haben
und dann den Menschen mißtrauen und sie verachten;
die anderen vergessen
und dann vergessen werden;
für niemanden dasein
und von niemandem gebraucht werden;
um niemanden Angst haben
und nicht wollen, daß einer sich Sorgen um einen macht;
nicht mehr lachen
und nicht mehr angelacht werden;
nicht mehr weinen
und nicht mehr beweint werden:
der schreckliche Tod am Brot allein.

Das ist der Tod, von dem die Bibel spricht;
der Mensch, für den die anderen nicht Reichtum bedeuten,
Herausforderung, Glück,
sondern Angst, Bedrohung, Konkurrenz,
der Mensch, der von Brot allein lebt
und daran stirbt,
am Brot allein, von dem man nicht leben kann.

Dorothee Sölle

Die Hinreise –
Zur religiösen Erfahrung
Texte und Überlegungen
© *Kreuz Verlag, Stuttgart*

ES STÄRKE EUCH DER HERR

1. Er ist das Brot, er ist der Wein, steht auf und eßt, der Weg ist weit, es schü-tze euch der Herr, er wird von Angst be-frein. Er ist das Brot, er ist der Wein, ist Brot und Wein.

2. Er ist das Brot, er ist der Wein,
   kommt, schmeckt und seht:
   die Not ist groß, es stärke euch der Herr,
   er läßt euch nicht allein.
   Er ist das Brot, er ist der Wein,
   ist Brot und Wein.

3. Er ist das Brot, er ist der Wein,
   steht auf und geht,
   die Hoffnung wächst, es segne euch der Herr,
   er läßt euch nicht allein.
   Er ist das Brot, er ist der Wein,
   ist Brot und Wein.

Text: Eckart Bücken
Musik: Fritz Baltruweit

aus: Es sind doch deine Kinder, 1983
Textrechte: Strube Verlag, München
Musikrechte: tvd-Verlag, Düsseldorf

GABEN-GEBET

Gepriesen seist Du, Herr, unser Gott,
Schöpfer der Welt.
Du schenkst uns das Brot,
die Frucht der Erde
und der menschlichen Arbeit.
Laß dieses Brot für uns zum Brot
des Lebens werden.

Gepriesen seist Du, Herr, unser Gott,
Schöpfer der Welt.
Du schenkst uns die Frucht des Weinstocks,
das Zeichen des Festes.
Laß diesen Kelch für uns zum Kelch
des Segens werden.

Wie aus den Körnern das Brot und
aus den Trauben der Wein geworden ist,
so mache aus uns eine Gemeinde,
ein Zeichen der Hoffnung für diese Welt.

Georg Kugler / Herbert Lindner
nach altkirchlichen Texten

1.6 gesandt und gesegnet

DER HERR BEHÜTET DICH

KEHRVERS

O-cu-li no-stri ad Do-mi-num De-um. O-cu-li no-stri ad Do-mi-num no-strum.

„Gesang aus Taizé" – Musik: Jacques Berthier;
© Les Presses de Taizé
Deutsche Rechte: Christophorus-Verlag, Freiburg

Eine(r): Ich hebe meine Augen auf zu den Bergen. /
Woher kommt mir Hilfe? +
Alle: Meine Hilfe kommt vom Herrn, /
der Himmel und Erde gemacht hat. +
Eine(r): Er wird deinen Fuß nicht gleiten lassen, /
und der dich behütet, schläft nicht. +
Siehe, der Hüter Israels /
schläft und schlummert nicht. +

KEHRVERS

Eine(r): Der Herr behütet dich; /
der Herr ist dein Schatten über deiner rechten Hand, /
daß dich des Tages die Sonne nicht steche /
noch der Mond des Nachts. +
Alle: Der Herr behüte dich vor allem Übel, /
er behüte deine Seele. +
Eine(r): Der Herr behüte deinen Ausgang und Eingang /
von nun an bis in Ewigkeit! +

KEHRVERS

Psalm 121

* deutsch: unsere Augen richten sich auf Gott, den Herrn
unsere Augen richten sich auf unseren Herrn

90

IN DEINEN AUGEN

In deinen Augen
kann ich schöner werden als ich bin.

In deinen Händen
kann ich stärker werden als ich bin.

In deinen Armen
kann ich freier werden als ich bin.

In deinem Wesen
kann ich stiller werden als ich bin.

In deinen Worten
kann ich reifer werden als ich bin,

ein Segen, ein Segen.

Text: Friedrich Karl Barth u. Peter Horst

Musik: P. Janssens
aus: Wir fassen uns ein Herz, 1985
©Peter Janssens Musik Verlag, Telgte-Westfalen

SENDE DEIN LICHT

Sen- de dein Licht und dei - ne Wahr- heit,

daß sie mich lei - ten zu dei - ner Woh- nung

und ich dir dan- ke, daß du mir hilfst.

Text: Psalm 43,3
Musik: Herkunft unbekannt

JAKOB SCHAUT DIE HIMMELSLEITER

Aber Jakob zog aus von Beerseba und machte sich auf den Weg nach Haran und kam an eine Stätte, da blieb er über Nacht, denn die Sonne war untergegangen. Und er nahm einen Stein von der Stätte und legte ihn zu seinen Häupten und legte sich an der Stätte schlafen.

Und ihm träumte, und siehe, eine Leiter stand auf Erden, die rührte mit der Spitze an den Himmel, und siehe, die Engel Gottes stiegen daran auf und nieder. Und der Herr stand oben darauf und sprach: Ich bin der Herr, der Gott deines Vaters Abraham, und Isaaks Gott; das Land, darauf du liegst, will ich dir und deinen Nachkommen geben. Und dein Geschlecht soll werden wie der Staub auf Erden, und du sollst ausgebreitet werden gegen Westen und Osten, Norden und Süden, und durch dich und deine Nachkommen sollen alle Geschlechter auf Erden gesegnet werden. Und siehe, ich bin mit dir und will dich behüten, wo du hinziehst, und will dich wieder herbringen in dies Land. Denn ich will dich nicht verlassen, bis ich alles tue, was ich dir zugesagt habe.

Als nun Jakob von seinem Schlaf aufwachte, sprach er: Fürwahr, der Herr ist an dieser Stätte, und ich wußte es nicht!
Und er fürchtete sich und sprach: Wie heilig ist diese Stätte! Hier ist nichts anderes als Gottes Haus, und hier ist die Pforte des Himmels. Und Jakob stand früh am Morgen auf und nahm den Stein, den er zu seinen Häupten gelegt hatte, und richtete ihn auf zu einem Steinmal und goß Öl oben darauf und nannte die Stätte Bethel.

1. Mose 28,10-19a

Carl Caspar, Jakob ringt mit dem Engel 1920,
Lithographie

© *Karl Theodor Köster, Brannenburg a. Inn*

„Ich lasse dich nicht,
du segnest mich denn"

(1. Mose, 32, 27)

93

SEGEN

Der Engel Gottes sei vor dir,
um dir den rechten Weg zu zeigen.

Der Engel Gottes sei neben dir,
um dich in die Arme zu schließen
und dich zu schützen.

Der Engel Gottes sei hinter dir,
um dich zu bewahren
vor der Heimtücke böser Menschen.

Der Engel Gottes sei unter dir,
um dich aufzufangen, wenn du fällst,
und dich aus der Schlinge zu ziehen.

Der Engel Gottes sei in dir,
um dich zu trösten,
wenn du traurig bist.

Der Engel Gottes sei um dich herum,
um dich zu verteidigen,
wenn andere über dich herfallen.

Gottes Engel sei über dir,
um dich zu segnen.

So segne dich der gütige Gott.

nach einem altkirchlichen Segen

.... ALLE TAGE

Keinen Tag soll es geben, da du sagen mußt,
niemand ist da, der mich liebt.
Keinen Tag soll es geben, da du sagen mußt,
ich halte es nicht mehr aus.
Keinen Tag soll es geben, da du sagen mußt,
niemand ist da, der mir hilft.
Und der Friede Gottes,
der höher ist als all unsere Vernunft,
der halte unseren Verstand wach,
der bewahre unsere Hoffnung
und stärke unsere Liebe.

nach Uwe Seidel
aus: Seidel/Zils, Das Brot ist der
Himmel, Gebete, Geschichten,
Meditationen aus Schalom, Patmos
Verlag, Düsseldorf und
Aussaat-Verlag, Neukirchen-Vluyn.

Es segne und behüte uns
der allmächtige und barmherzige Gott,
der Vater, der Sohn, der Heilige Geist.
Amen.

„Gesang aus Taizé" –
Musik: Jacques Berthier;
© Les Presses de Taizé
Deutsche Rechte:
Christophorus-Verlag, Freiburg

* deutsch: Wo die Güte und die Liebe wohnt, da ist Gott

WAS HEISST SEGNEN?

Was heißt das, segnen — und was heißt das, ein Segen sein?
Nehmen wir an: Ein Acker ist trocken. Es liegt Saat in ihm, aber es ist
trocken. So wächst nichts. Nun setzt Regen ein, die Saat geht auf und
wächst. Der Regen segnet, das heißt: er hilft, daß etwas aufgeht, daß etwas wächst, daß etwas gedeiht. Wenn Gott seinen Segen über uns aus-
spricht, dann wächst etwas in uns, es gedeiht etwas, es reift Frucht. Es
wächst aus Arbeit und Leid, aus Fröhlichkeit und Stille die Frucht für dieses Leben und für die Ewigkeit. Der Same springt auf und wird frei, und
aus einer Erde, aus der scheinbar nichts zu erwarten war, wächst Vertrauen, wächst Dankbarkeit.

Wenn Segen über einem Leben waltet, hat es Sinn. Es gedeiht. Es
wächst. Es wirkt lösend, fördernd, befreiend auf andere. Versuche
glücken, Werke gelingen. Die Mühe zehrt das Leben nicht aus, sie ist
sinnvoll und bringt ihre Frucht.
Am Ende steht nicht die Resignation, sondern eine Ernte.
Ein alternder Mensch, dessen Leben gesegnet ist, geht nicht zugrunde,
er reift vielmehr, wird klarer und freier und stirbt am Ende „lebenssatt",
wie einer von einer guten Mahlzeit aufsteht. ...

Alle diese Gestalten des Segens sprechen von einem Zusammenhang
zwischen Geist und Seele und Leib, zwischen Gott und Welt, Sichtbarem
und Unsichtbarem. Immer hat der Segen es zu tun mit der Einwirkung
einer geistigen Kraft auf leibliches,sichtbares, konkretes Leben. Immer
erfüllt er sinnenhaftes, irdisches Leben mit einem Sinn, der anderswo
herkommt. Immer bindet der Segen die Materie an den Geist, den Leib
an die Seele, die Sinne an den Willen und an die Klarheit dessen, der
diese Welt geschaffen hat und durchwirkt.

Jörg Zink

aus: Kirchentagsdokumentationsband Düsseldorf '85

Rembrandt: Isaak verweigert Esau den Segen

UNSERE HÄNDE

Unsere Hände, Herr,
sollen zu Werkzeugen des Friedens werden,
Zerstörtes zusammenfügen,
Niedergerissenes aufbauen,
Verwundetes heilen,
segnen — anstatt Fluch zu verbreiten.

Unsere Hände, Herr,
verbinden sich vor dir
und bitten dich um Kraft,
Gerechtigkeit und Frieden
über die ganze Erde zu knüpfen.

Unsere Hände, Herr,
sind deine Hände in unserer Welt.
Lenke und leite sie,
damit wir das Fingerspitzengefühl
für dein Heil empfangen
durch Jesus Christus,
unseren Herrn,
der lebt und regiert
von Ewigkeit zu Ewigkeit.
Amen.

o. A.

STETS SIND WIR DIE DEINEN

Komm, Herr, seg-ne uns, daß wir uns nicht tren-nen,
son - dern ü-ber-all uns zu dir be-ken-nen.
Nie sind wir al - lein, stets sind wir die Dei-nen.
La-chen o-der Wei-nen wird ge-se-gnet sein

2. Keiner kann allein Segen sich bewahren.
   Weil du reichlich gibst, müssen wir nicht sparen.
   Segen kann gedeihn, wo wir alles teilen,
   schlimmen Schaden heilen, lieben und verzeihn.

3. Frieden gabst du schon, Frieden muß noch werden,
   wie du ihn versprichst, uns zum Wohl auf Erden.
   Hilf uns, daß wir nun deinen Frieden leben,
   andern Liebe geben, deinen Willen tun.

4. Komm, Herr, segne uns, wenn wir weitergehen.
   Laß uns überall deine Güte sehen.
   Keiner bleibt allein, wir sind ja die Deinen,
   laß durch dich, den Einen, uns gesegnet sein.

Text und Melodie: Dieter Trautwein
Vers 3 und 4 in der Überarbeitung von Dieter Schneider, Baden-Baden

.... DAMIT WIR EINS WERDEN

Es sollen gesegnet sein
die Völker aller Rassen,
die Menschen aller Klassen.

Es sollen gesegnet sein
Himmel und Erde,
Wolf und Lamm.
Falke und Taube.

Es sollen gesegnet sein
Freund und Feind,
damit sie Brüder werden
und Schwestern.

Es sollen gesegnet sein
Schwarze und Weiße,
damit sie Frieden schließen
und Freundschaft,
ein für alle mal.

Es sollen gesegnet sein
Christen und Kommunisten,
Moslems und Hindus,
Heiden und Sektierer,
damit sie eins werden
vor Gott.

Es sollen gesegnet sein
die Stummen und die Blinden,
die Klugen und die Törichten,
die Unwissenden und die Weisen
und die Weisheit Gottes preisen.

Gott segne euch
und ihr sollt ein Segen sein
für die bedrohte Welt
und die Menschen dieser Erde.

o. A.

100

Das Licht des kommenden Reiches
© *Azariah Mbatha*

AUF DEM WEG

Segen sei mit dir,
der Segen strahlenden Lichtes,
Licht um dich her
und innen in deinem Herzen.
Sonnenschein leuchte dir
und erwärme dein Herz,
bis es zu glühen beginnt
wie ein großes Torffeuer,
und der Fremde tritt näher,
um sich daran zu wärmen.

*aus: Tag um Tag. Gedanken und Bilder
für den Anfang und das Ende des Tages,
© 1985 Verlag am Eschbach,
Eschbach/Markgräflerland.*

Aus deinen Augen strahle gesegnetes
Licht wie zwei Kerzen
in den Fenstern eines Hauses,
die den Wanderer locken,
Schutz zu suchen dort drinnen
vor der stürmischen Nacht.

Wen du auch triffst,
wenn du über die Straße gehst,
ein freundlicher Blick von dir
möge ihn treffen.

Und der gesegnete Regen,
der köstliche, sanfte Regen
ströme auf dich herab;
die kleinen Blumen mögen zu blühen beginnen
und ihren köstlichen Duft ausbreiten,
wo immer du gehst.

Der Segen der Erde,
der guten, der reichen Erde
sei für dich da.

Weich sei die Erde dir,
wenn du auf ihr ruhst
müde am Ende des Tages,
und leicht ruhe die Erde auf dir
am Ende des Lebens,
daß du sie schnell abschütteln kannst,
und auf und davon
auf deinem Wege zu Gott.

Irischer Segen

102

GEHT HAND IN HAND

Geht Hand in Hand,
damit ihr nicht über Zweifel stolpert.

Geht Hand in Hand,
damit ihr keinen krummen Rücken macht.

Geht Hand in Hand,
damit, wenn es hereinbricht,
das Gottesreich,
ihr wißt, wie ihr Gottes Hand
halten sollt.

Sybille Fritsch

aus: Was mich beseelt
tvd-Verlag GmbH, Düsseldorf, 1991

Gott stär-ke dich, Got-tes
Geist er - fül-le dich, geh' dei-nen
Weg, geh' dei-nen Weg in Freu - de.

Text: Andrea Bauer, Kanon: Bernd Schlaudt
Rechte bei Autorin und Autor
Tanzbeschreibung: Dorle Schönhals-Schlaudt

„Gott stärke Dich":
Im Kreis stehen, die Handflächen aneinanderlegen.
Den Energiekreis spüren.

„Gottes Geist erfülle Dich":
Die Hände so vor den Körper führen,
als seien wir Empfangende.

„Geh deinen Weg,
Geh deinen Weg in Freude":
Das Empfangene weitertragen,
indem Schritte nach rechts getanzt werden.

GOTT STELLT DEINE FÜSSE AUF WEITEN RAUM

Gott stellt deine Füße
auf weiten Raum

Es sind deine Füße
die dich tragen
deine Füße erden dich

Es sind deine Füße
aufgerichtet deine Gestalt
deine Füße himmeln dich

Es sind deine Füße
die deine Schritte setzen
behutsam und fest
deine Füße verbinden dich

Es sind deine Füße
die dich tanzen
deine Füße heiligen dich

Es sind deine Füße
die sich manchmal versagen
deine Füße begrenzen dich

Es sind deine Füße
die dich beflügeln
deine Füße überwinden

Gott stellt deine Füße
auf weiten Raum

zum Segen

Michael Lipps
Motiv: Psalm 31, 9b

1. Dass Er - de und Him-mel dir blü - - - hen,
2. dass Freu-de sei grös-ser als Mü - - hen,
3. dass Zeit auch für Wun-der, für Wun - der dir bleib
4. und Frie - - den für See-le und Leib!

Text: Kurt Rose 1990. Kanon zu vier Stimmen: Herbert Beuerle 1990.
Rechte: bei den Autoren.

SEGEN

Der Segen des Gottes
von Sarah und Abraham,

Der Segen des Sohnes,
von Maria geboren,

der Segen des Heiligen Geistes,
der über uns wacht
wie eine Mutter über ihre Kinder,

sei mit euch allen.
Amen.

o. A.

FÜR EIN KIND

Ich habe gebetet. So nimm von der Sonne und geh.
Die Bäume werden belaubt sein.
Ich habe den Blüten gesagt, sie mögen dich schmücken.

Kommst du zum Strom, da wartet ein Fährmann.
Zur Nacht läutet sein Herz übers Wasser.
Sein Boot hat goldene Planken, das trägt dich.

Die Ufer werden bewohnt sein.
Ich habe den Menschen gesagt, sie mögen dich lieben.
Es wird dir einer begegnen, der hat mich gehört.

Günter Bruno Fuchs

aus: *Gemütlich summt das Vaterland.*
Gedichte. Märchen. Sprüche. Herausgegeben von Michael Krüger
© *1984 Carl Hanser Verlag München Wien*

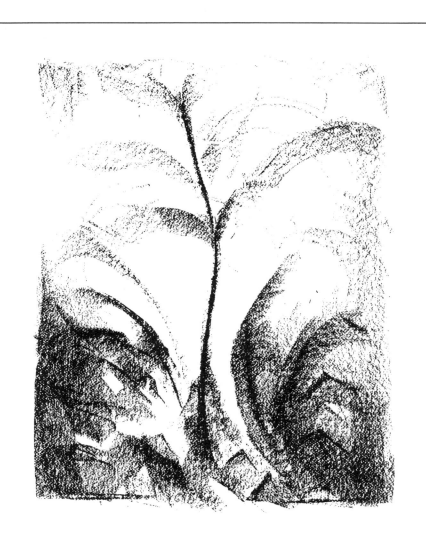

2.
AUFBRECHEN ZU LEBEN

2. AUFBRECHEN ZU LEBEN

2.1 einsam und geborgen

ES IST GENUG

Elija hatte Angst um sein Leben und ging fort. In Beerscheba ließ er seinen Diener zurück. Er ging einen Tag weit in die Wüste. Dort setzte er sich unter einen Ginsterbusch und wünschte sich den Tod.
Er sagte: Es ist genug, o Herr! Nimm meine Seele von mir und laß mich sterben. Ich bin nicht besser als meine Väter!
Er legte sich und schlief unter dem Busch ein.

Reinhard Herrmann

Plötzlich rührte ihn ein Bote Gottes an und sprach zu ihm:
Steh auf und iß!
Elija blickte sich um, da stand Brot hinter ihm und ein Krug Wasser. Er aß und trank und legte sich wieder hin.
Und Gottes Bote kam zum zweiten Mal, rührte ihn an und sprach: Steh auf und iß, du hast noch einen weiten Weg vor dir!

1. Könige 19,1-7, erzählt von Anneliese Pokrandt

FÜRCHTE DICH NICHT

Fürch-te dich nicht, ge-fan-gen in dei-ner Angst, mit der du lebst. Fürch-te dich nicht ge-fan-gen in dei-ner Angst. Mit ihr lebst du.

2. Fürchte dich nicht, getragen von seinem Wort,
   von dem du lebst.
   Fürchte dich nicht, getragen von seinem Wort.
   Von ihm lebst du.

3. Fürchte dich nicht, gesandt in den neuen Tag,
   für den du lebst.
   Fürchte dich nicht, gesandt in den neuen Tag.
   Für ihn lebst du.

Text und Musik: Fritz Baltruweit
alle Rechte im tvd-Verlag, Düsseldorf

111

GOTT

ich bitte dich
nicht darum
meine angst mir zu
nehmen
nicht mich zu
lösen von allem
was mich auch
ängstigt
nicht mich zu
befreien von
meinem ängstlichen

suchen
GOTT

aber friede
sie ein
meine angst
damit ich
ihr grenzen setze
und sie mich nicht
erdrückt

GOTT

Michael Lipps

Hanns Georg Anniès: Warten

WENN EINER SAGT . . .

Refrain: La la la la la, la la la la la, la la la la la la la la la la la la la la, la la la la la, la la la la la, la la la la la la la.

1. Wenn ei- ner sagt: „Ich mag dich, du, ich find dich ehr- lich gut," dann krieg ich ei- ne Gän- se- haut und auch ein biß- chen Mut.

2. Wenn einer sagt: „Ich brauch' dich, du, ich schaff' es nicht allein", dann kribbelt es in meinem Bauch, ich fühl' mich nicht mehr klein.

3. Wenn einer sagt: „Komm', geh' mit mir, zusammen sind wir was", dann werd' ich rot, weil ich mich freu', dann macht das Leben Spaß.

4. Gott sagt zu dir: „Ich hab' dich lieb und wär' so gern dein Freund. Und das, was du allein nicht schaffst, das schaffen wir vereint!"

Text und Melodie : Andreas Ebert

aus: Jungschar- und Teenagerlieder, Heft 2
© Hänssler-Verlag, Neuhausen-Stuttgart

WAS UNS ANGST MACHT

Wenn es auf dem Boden knistert und knarrt,
wenn etwas leise hinter der Holzbeige scharrt,
wenn der Himmel schwarz und dunkel ist,
wenn es donnert und blitzt,
wenn ein Stier uns entgegenrennt,
wenn es hagelt und brennt,
wenn der Sturm an den Läden rüttelt
und die Kronen der Bäume schüttelt.

Wenn wir durch einen Wald spazieren
und plötzlich die Richtung verlieren,
wenn hinter den Büschen Gespenster lauern
und hinter den Steinen Gestalten kauern,
wenn sich Riesen im Traum verstecken
und uns mitten in der Nacht wecken,
wenn uns die Mutter in den Keller schickt,
wenn vor uns ein Mäuslein erschrickt.

WAS UNS DIE ANGST NIMMT

Vater und Mutter und vertraute Gesichter,
im Dorf und in der Stadt die Lichter.
Die Sonne, die uns am Morgen weckt,
das Kätzchen, das sich in unserm Arm versteckt.
Im Bett Teddybären und Puppen,
Sterne, die durchs Fenster gucken.
Bruder, Schwester, Neffen und Nichten
und in der Schule die schönen Geschichten.
Alles, was jeden Tag mit uns lebt,
und am Abend das Gutenachtgebet.

Max Bolliger

115

DIE ROSE

Rainer Maria Rilke ging in der Zeit seines Pariser Aufenthaltes regelmäßig über einen Platz, an dem eine Bettlerin saß, die um Geld anhielt. Ohne je aufzublicken, ohne ein Zeichen des Bittens oder Dankens zu äußern, saß die Frau immer am gleichen Ort. Rilke gab nie etwas, seine französische Begleiterin warf ihr häufig ein Geldstück hin. Eines Tages fragte die Französin verwundert, warum er nichts gebe. Rilke antwortete: „Wir müßten ihrem Herzen schenken, nicht ihrer Hand."

Wenige Tage später brachte Rilke eine eben aufgeblühte weiße Rose mit, legte sie in die offene, abgezehrte Hand der Bettlerin und wollte weitergehen. Da geschah das Unerwartete: Die Bettlerin blickte auf, sah den Geber, erhob sich mühsam von der Erde, tastete nach der Hand des fremden Mannes, küßte sie und ging mit der Rose davon.

Eine Woche lang war die Alte verschwunden; der Platz, an dem sie vorher gebettelt hatte, blieb leer. Nach acht Tagen saß sie plötzlich wieder wie früher an der gewohnten Stelle.
Sie war stumm wie damals, wiederum nur ihre Bedürftigkeit zeigend durch die ausgestreckte Hand. „Aber wovon hat sie denn in all den Tagen gelebt?" fragte die Französin. Rilke antwortete: „Von der Rose..."

Josef Bill

DA WILL ICH DIR
MEINE LIEBE SCHENKEN

Sie: Ich bin hinabgegangen in den Nußgarten, zu schauen die Knospen im Tal, zu schauen, ob der Weinstock sproßt, ob die Granatbäume blühen.

Er: Wie schön ist dein Gang in den Schuhen, du Fürstentochter! Die Rundung deiner Hüfte ist wie ein Halsgeschmeide, das des Meisters Hand gemacht hat.
Dein Schoß ist wie ein runder Becher, dem nimmer Getränk mangelt.
Dein Leib ist wie ein Weizenhaufen, umsteckt mit Lilien.
Deine beiden Brüste sind wie junge Zwillinge von Gazellen.
Dein Hals ist wie ein Turm von Elfenbein. Deine Augen sind wie die Teiche von Heschbon am Tor Bat-Rabbim. Deine Nase ist wie der Turm auf dem Libanon, der nach Damaskus sieht.
Dein Haupt auf dir ist wie der Karmel. Das Haar auf deinem Haupt ist wie Purpur; ein König liegt in deinen Locken gefangen.

Sie: Meinem Freund gehöre ich, und nach mir steht sein Verlangen.
Komm, mein Freund, laß uns aufs Feld hinausgehen und unter Zyperblumen die Nacht verbringen, daß wir früh aufbrechen zu den Weinbergen und sehen, ob der Weinstock sproßt und seine Blüten aufgehen, ob die Granatbäume blühen. Da will ich dir meine Liebe schenken.

Hohelied 6,11; 7,2–6. 11–13

ICH BRAUCHE DICH

Seit Jahren schon laufe ich mit einer Maske umher, die ist mein zweites Gesicht geworden. Ich habe gelernt, wie man es macht, seine Schwächen zuzudecken und die Gefühle zu verbergen. Ich lächle verbindlich, aber mein Lachen ist nicht echt; ich lege Sicherheit an den Tag, aber in Wirklichkeit spiele ich Theater. Ich tue so, als fiele mir alles in den Schoß, als irrte ich niemals, als hätte ich weder Sehnsucht noch Heimweh. Warum bin ich nicht so, wie ich wirklich bin? Wenn ich allein und für mich bin, fällt mir die Maske vom Gesicht. Wenn dann einer käme und sagte: Ich mag dich trotzdem, ich will dich so, wie du bist, ich brauche dich ---

Christa Weiß, Reden wie mit einem Freund
© Peter Hammer Verlag, Wuppertal

BESSER ZU ZWEIEN

So ist's ja besser zu zweien als allein;
denn sie haben guten Lohn für ihre Mühe.
Fällt einer von ihnen,
so hilft ihm sein Gesell auf.
Weh dem, der allein ist,
wenn er fällt!
Dann ist kein anderer da,
der ihm aufhilft.
Auch, wenn zwei beieinander liegen,
wärmen sie sich;
wie kann ein einzelner warm werden?
Einer mag überwältigt werden,
aber zwei können widerstehen,
und eine dreifache Schnur reißt nicht leicht
entzwei.

Prediger Salomo (Kohelet) 4,9-12

118

WENN EINER DIE FREIHEIT SUCHT

1. Wenn ei - ner die Frei-heit sucht, bleibt der ei - ne al - lei - ne, ein- sam, ge - fan- gen. Sind zwei o-der drei zu- sam-men auf dem Weg, bist du da-bei, du bist da-bei, wo zwei o-der-drei ge - mein-sam gehn, wer-den sie die Frei-heit sehn.

2. Wenn einer die Zukunft sucht,
   ist der eine alleine, einsam, verloren.
   Sind zwei oder drei zusammen auf dem Weg,
   bist du dabei, du bist dabei,
   wenn zwei oder drei gemeinsam gehn,
   werden sie die Zukunft sehn.

3. Wenn einer das Leben sucht,
   ist der eine alleine, einsam, verhungert.
   Sind zwei oder drei zusammen auf dem Weg,
   bist du dabei, du bist dabei,
   wenn zwei oder drei gemeinsam gehn,
   werden sie das Leben sehn.

Text: Hans-Jürgen Netz
Musik: Peter Janssens

aus: Solange die Erde noch steht, 1985
Textrechte beim Textautor
Musikrechte im Peter Janssens Musik Verlag, Telgte-Westfalen

UNGEBETEN

ich hatte die türen
fest verschlossen
auf besuch war
ich nicht
eingestellt

wie sie hereinkam
weiß ich
nicht nun
sitzt sie da

frau traurigkeit
(eine alte bekannte)

mit ihrem breiten
hintern ungebeten

auf meinem stuhl
sitzt sie und macht
keine anstalten zu
gehen

Michael Lipps

ICH LOBE MEINEN GOTT

1. Ich lo-be mei-nen Gott, der aus der Tie-fe mich holt, da-mit ich le- be.

Ich lo-be mei-nen Gott, der mir die Fes-seln läßt, da-mit ich frei bin.

Refrain: Eh-re sei Gott auf der Er-de in al-len Stra-ßen und Häu-sern, die

Men-schen wer-den sin-gen, bis das Lied zum Himmel steigt:

Eh-re sei Gott und den Men-schen Frie-den, Eh-re sei Gott und den

Men-schen Frie-den, Frie-den auf Er - den.

2. Ich lobe meinen Gott, der mir den neuen Weg weist, damit ich hand-
le. Ich lobe meinen Gott, der mir mein Schweigen bricht, damit ich
rede.
Ehre sei Gott auf der Erde ...

3. Ich lobe meinen Gott, der meine Tränen trocknet, daß ich lache. Ich
lobe meinen Gott, der meine Angst vertreibt, damit ich atme.

Ehre sei Gott auf der Erde ...

Text: Hans-Jürgen Netz
Musik: Christoph Lehmann

aus: Exodus, 1979
© tvd-Verlag, Düsseldorf

MITGEHEN

1. Ich möcht', daß einer mit ___ mir geht, der's Leben kennt, der mich ___ versteht, der mich zu allen Zeiten kann ___ geleiten. Ich möcht', daß einer mit ___ mir geht.

2. Ich wart', daß einer mit mir geht, / der auch im Schweren zu mir steht, / der in den dunklen Stunden / mir verbunden. / Ich wart', daß einer mit mir geht

3. Es heißt, daß einer mit mir geht, / der's Leben kennt, der mich versteht, / der mich zu allen Zeiten / kann geleiten. / Es heißt, daß einer mit mir geht.

4. Sie nennen ihn den Herren Christ, / der durch den Tod gegangen ist; / er will durch Leid und Freuden / mich geleiten. / Ich möcht', daß er auch mit mir geht.

Text und Musik: Hanns Köbler

aus: *Neue geistliche Lieder (BE 285)*
© Gustav Bosse Verlag, Regensburg

Frans Masereel, Verlorenes Kind

SPUREN

Ich träumte eines Nachts,
Ich ging am Meer entlang mit meinem Herrn
Und es entstand vor meinen Augen,
Streiflichtern gleich,
mein Leben.
Für jeden Abschnitt, wie mir schien,
entdeckte ich je zwei Paar Schritte im Sand;
die einen gehörten mir,
die anderen meinem Herrn.

Als dann das letzte Bild
an uns vorbeigeglitten war,
sah ich zurück und stellte fest,
daß viele Male nur ein Paar Schritte
in dem Sand zu sehen war.
Sie zeichneten die Phasen meines Lebens,
die mir am schwersten waren.

Das machte mich verwirrt
und fragend wandte ich mich an den Herrn:
„Als ich dir damals alles, was ich hatte,
übergab, um dir zu folgen,
da sagtest du,
du würdest immer bei mir sein.
Doch in den tiefsten Nöten meines Lebens
seh' ich nur ein Paar Spuren hier im Sand.
Warum verließest du mich denn gerade dann,
als ich dich so verzweifelt brauchte?"

Der Herr nahm meine Hand und sagte:
„Nie ließ ich dich allein,
schon gar nicht in den Zeiten,
da du littest und angefochten warst.
Wo du nur ein Paar Spuren hier im Sand erkennst,
da trug ich dich auf meinen Schultern."

*aus: Seidel/Zils, Das Brot ist der Himmel, Gebete, Geschichten,
Meditationen aus Schalom, Patmos Verlag, Düsseldorf, und
Aussaat-Verlag, Neukirchen-Vluyn*

124

DIE EICHE UND DAS SCHILFROHR

Am Ufer eines Teiches stand eine Eiche: mächtig und stolz. Sie trotzte der Sonnenhitze und beugte sich keinem Sturm; denn ihre Wurzeln reichten tief. In der Nähe wuchs ein Schilfrohr auf feuchtem Grunde. Es sah schwach und zerbrechlich aus und verneigte sich vor jedem Wind.

„Du tust mir leid", sagte die Eiche eines Tages. „Wärst du doch näher an meinem Stamm gewachsen, ich würde dich gerne vor den Stürmen beschützen!"

„Du bist sehr freundlich", sagte das Schilfrohr bescheiden, „aber sorge dich nicht um mich. Kommt ein Sturm mit Gewalt, beuge ich mich bis zur Erde und lasse ihn über mich fortbrausen: Ich beuge mich, aber ich breche nicht!"

Die Eiche schüttelte trotzig ihr Haupt: „Ich leiste jedem Sturm Widerstand; niemals würde ich mich beugen!"

Ein schrecklicher Sturm kam über Nacht; er riß Blätter und Äste aus der aufrechten Eiche. Das Schilfrohr beugte sich bis zur Erde.
Der Sturm wurde zum Orkan. Mit seiner ganzen Wut zerrte er am trotzigen Baum — bis er ihn samt Wurzeln aus der Erde riß.
Als das Unwetter vorüber war, stand das kleine Schilfrohr aufrecht neben dem gestürzten Riesen.

nach La Fontaine

125

IN GOTTES HAND

Eine(r):	Herr, du erforschest mich / und kennest mich. +
Alle:	Ich sitze oder stehe auf, so weißt du es; / du verstehst meine Gedanken von ferne. +
Eine(r):	Ich gehe oder liege, so bist du um mich / und siehst alle meine Wege. +
Alle:	Denn siehe, es ist kein Wort auf meiner Zunge, / das du, Herr, nicht schon wüßtest. +
Eine(r):	Von allen Seiten umgibst du mich / und hältst deine Hand über mir. +
Alle:	Diese Erkenntnis ist mir zu wunderbar und zu hoch, / ich kann sie nicht begreifen. +
Eine(r):	Wohin soll ich gehen vor deinem Geist, / und wohin soll ich fliehen vor deinem Angesicht? +
Alle:	Erforsche mich, Gott, und erkenne mein Herz; / prüfe mich und erkenne, wie ich's meine. +
Eine(r):	Und sieh, ob ich auf bösem Wege bin / und leite mich auf ewigem Wege. +

aus Psalm 139

KEHRVERS zu Beginn und am Ende

Von gu-ten Mäch-ten wun-der-bar ge-bor-gen,

er-war-ten wir ge-trost, was kom-men mag.

Gott ist mit uns am A-bend und am Mor-gen

und ganz ge-wiß an je-dem neu-en Tag. —

VON GUTEN MÄCHTEN

1. Von guten Mächten treu und still umgeben,
be-hü-tet und ge-trö-stet wun-der-bar,
so will ich die-se Ta-ge mit euch le-ben
und mit euch ge-hen in ein neu-es Jahr.

KEHRVERS auf Seite 126 zwischen den Versen zu singen

2. Noch will das Alte unsre Herzen quälen, / noch drückt uns böser
Tage schwere Last. / Ach, Herr, gib unsern aufgescheuchten Seelen / das Heil, für das du uns bereitet hast.

3. Und reichst du uns den schweren Kelch, den bittern / des Leids, ge-
füllt bis an den höchsten Rand, / so nehmen wir ihn dankbar ohne
Zittern / aus deiner guten und geliebten Hand.

4. Doch willst du uns noch einmal Freude schenken / an dieser Welt
und ihrer Sonne Glanz, / dann woll'n wir des Vergangenen gedenken, / und dann gehört dir unser Leben ganz.

5. Laß warm und still die Kerzen heute flammen, / die du in unsre Dunkelheit gebracht. / Führ, wenn es sein kann, wieder uns zusammen.
/ Wir wissen es, dein Licht scheint in der Nacht.

6. Wenn sich die Stille nun tief um uns breitet, / so laß uns hören jenen
vollen Klang / der Welt, die unsichtbar sich um uns weitet, / all deiner Kinder hohen Lobgesang.

Text: Dietrich Bonhoeffer
Melodie: Siegfried Fietz

© *Textrechte: Chr. Kaiser/Gütersloher Verlagshaus, Gütersloh*
© *Musikrechte: ABAKUS Schallplatten & ULMTAL Musikverlag*
35753 Greifenstein

DUNKEL UND LICHT

Gott,
In mir ist Dunkel
    Aber bei dir ist Licht.
Ich bin einsam
    Aber du verläßt mich nicht.
Ich bin mutlos
    Aber du hilfst mir.
Ich bin unruhig
    Aber du schenkst mir Frieden.
In mir ist Bitterkeit
    Aber bei dir ist Geduld.
Ich verstehe deine Wege nicht
    Aber du weißt den Weg für mich.

Dietrich Bonhoeffer

Ich lege mein Wort in Deinen Mund
Holzschnitt von Schwester M. Sigmunda May OSF, 1983

129

IN SEINEN HÄNDEN

Gottes Hände
halten die weite Welt,
Gottes Hände
tragen das Sternenzelt,
Gottes Hände
führen das kleinste Kind,
Gottes Hände
über dem Schicksal sind.

Gottes Hände
sind meine Zuversicht,
durch das Dunkel
führen sie doch zum Licht.
Im Frieden geborgen,
vom Kampf umtost,
in deinen Händen, Herr,
bin ich getrost!

Hugo Specht

2.2 wachsen und reifen

ZURÜCKLASSEN KÖNNEN

Und die ganze Gemeinde der Israeliten zog aus der Wüste Sin weiter ihre Tagereisen, wie ihnen der Herr befahl, und sie lagerten sich in Rafidim. Da hatte das Volk kein Wasser zu trinken. Und sie haderten mit Mose und sprachen: Gib uns Wasser, daß wir trinken. Mose sprach zu ihnen: Was hadert ihr mit mir? Warum versucht ihr den Herrn? Als aber dort das Volk nach Wasser dürstete, murrten sie wider Mose und sprachen: Warum hast du uns aus Ägypten ziehen lassen, daß du uns, unsere Kinder und unser Vieh vor Durst sterben läßt? Mose schrie zum Herrn und sprach: Was soll ich mit dem Volk tun? Es fehlt nicht viel, so werden sie mich noch steinigen. Der Herr sprach zu ihm: Tritt hin vor das Volk und nimm einige von den Ältesten Israels mit dir und nimm deinen Stab in deine Hand, mit dem du den Nil schlugst, und geh hin. Siehe, ich will dort vor dir stehen auf dem Fels am Horeb. Da sollst du an den Fels schlagen, so wird Wasser herauslaufen, daß das Volk trinke. Und Mose tat so vor den Augen der Ältesten von Israel.

2. Mose 17,1-6

WER SEINE HAND AN DEN PFLUG LEGT UND SIEHT ZURÜCK, DER IST NICHT GEEIGNET FÜR DAS REICH GOTTES. *Lukas 9,62*

VERTRAUEN

Wo ein Mensch Ver - trau - en gibt,
nicht nur an sich sel- ber denkt,
fällt ein Tro-pfen
von dem Re-gen, der aus Wü-sten Gär-ten macht.

2. Wo ein Mensch den andern sieht, /
    nicht nur sich und seine Welt, /
    fällt ein Tropfen von dem Regen, /
    der aus Wüsten Gärten macht.

3. Wo ein Mensch sich selbst verschenkt /
    und den alten Weg verläßt, /
    fällt ein Tropfen von dem Regen, /
    der aus Wüsten Gärten macht.

Text: Hans-Jürgen Netz
Musik: Fritz Baltruweit

aus: Oekumene heute, Mein Liederbuch 2, 1992
alle Rechte im tvd-Verlag, Düsseldorf

MEINE SEELE DÜRSTET NACH DIR

KEHRVERS

Herr, hilf du uns hoffen!

Halleluja! Amen.

Text: Dieter Trautwein
Musik: Paul Ernst Ruppel

© Verlag Merseburger, Kassel

Eine(r):	Wie der Hirsch lechzt nach frischem Wasser, / so schreit meine Seele, Gott, zu dir. +
Alle:	Meine Seele dürstet nach Gott, / nach dem lebendigen Gott. +
Eine(r):	Wann werde ich dahin kommen, / daß ich Gottes Angesicht schaue? +
Alle:	Meine Tränen sind meine Speise Tag und Nacht, / weil man täglich zu mir sagt: Wo ist nun dein Gott? +
Eine(r):	Am Tage sendet der Herr seine Güte, / und des Nachts singe ich ihm und bete zu dem Gott meines Lebens. +
Alle:	Was betrübst du dich, meine Seele, / und bist so unruhig in mir? +
Eine(r):	Harre auf Gott; denn ich werde ihm noch danken, / daß er meines Angesichts Hilfe und mein Gott ist. +

aus Psalm 42

VERSAG DICH NICHT

herr gott

so manches fliegt zu
schnell davon an
begegnung an
freude an
glück

so etliches scheint
vergeblich an
mühe an
arbeit an
leiden

so manches stellt sich mir
in den weg
hält mich auf
wirft mich zurück

in so etlichem stehe ich
mir selbst im weg
sind meine füße schwer
verliere ich die richtung

weite den blick
herr
wenn ich mir selbst genug bin
laß mich dich hören
herr
wenn ich verstumme
nimm mich an der hand
herr
wenn ich bedrängt bin
gib kraft
den füßen
wenn sie versagen

versag dich nicht
herr gott

Michael Lipps

ER HAT SICH VERSTECKT

Rebbe Baruchs Enkel Jechiel kam in Tränen aufgelöst in die Lehrstube des Meisters gerannt.

„Jechiel, Jechiel, warum weinst du?"
„Mein Freund ist gemein! Er ist unfair! Er hat mich ganz allein gelassen, darum weine ich!"
„Willst du mir das nicht von Anfang an erzählen?" „Sicher, Großvater, wir haben Verstecken gespielt, ich mußte mich verstecken, und er war dran, mich zu suchen.
Aber ich hatte mich so gut versteckt, daß er mich nicht finden konnte. Da hat er aufgegeben, er hörte einfach auf, mich zu suchen, und das ist unfair."
Reb Baruch begann, Jechiels Gesicht zu streicheln, und ihm selbst traten Tränen in die Augen. „So ist es auch mit Gott, Jechiel", flüsterte er leise.
„Stell dir Seinen Schmerz vor. Er hat sich versteckt, und die Menschen suchen ihn nicht. Verstehst du, Jechiel? Gott versteckt sich, und der Mensch sucht ihn nicht einmal."

Elie Wiesel

aus: Was die Tore des Himmels öffnet, 3. Aufl. 1987
© Verlag Herder, Freiburg – Basel – Wien

FÜR WEN GEHE ICH?

Rabbi Naphtali trifft am Rand der Stadt einen von den Männern, die zur Bewachung ihrer Villen von reichen Leuten angestellt waren. Er fragt ihn, wessen Haus er bewache. Der gibt ihm Auskunft und fragt zurück: Und Ihr, für wen geht Ihr? Diese Frage trifft Rabbi Naphtali wie ein Pfeil mitten ins Herz. Er schweigt lange und denkt nach. Dann sagt er: Noch gehe ich für niemand. Und nach einer Weile: Möchtest Du mein Diener werden? Ja, gerne, sagt der Mann. Aber was habe ich zu tun? Mich zu erinnern, sagt Rabbi Naphtali.

Martin Buber

136

WAS IST DAS LEBEN?

An einem schönen Sommertag war um die Mittagszeit tiefe Stille im Wald eingetreten. Die Vögel steckten ihre Köpfe unter die Flügel, und alles ruhte.

Da steckte der Buchfink sein Köpfchen hervor und fragte:

„Was ist das Leben?"

Alle waren betroffen über diese schwere Frage. Eine Rose entfaltete gerade ihre Knospe und schob behutsam ein Blatt ums andere heraus. Sie sprach: „Das Leben ist eine Entwicklung." Weniger tief veranlagt war der Schmetterling. Lustig flog er von einer Blume zur anderen, naschte da und dort und sagte: „Das Leben ist lauter Freude und Sonnenschein." Drunten am Boden schleppte eine Ameise sich mit einem Strohhalm ab, zehnmal länger als sie selbst, und sagte: „Das Leben ist nichts als Mühe und Arbeit..." Es hätte nun einen großen Streit gegeben, wenn nicht ein feiner Regen eingesetzt hätte, der sagte: „Das Leben besteht aus Tränen, nichts als Tränen..." Hoch über ihnen zog ein Adler majestätisch seine Kreise, der frohlockte: „Das Leben ist ein Streben nach oben."

Dann kam die Nacht. Nach einer Weile ging ein Mann durch die leeren Straßen nach Hause. Er kam von einer Lustbarkeit und sagte vor sich hin: „Das Leben ist ein ständiges Suchen nach Glück und eine Kette von Enttäuschungen."

Nach der langen Nacht kam endlich die Morgenröte und sagte: „Wie ich, die Morgenröte, der Beginn des kommenden Tages bin, so ist das Leben der Anbruch der Ewigkeit."

nach einem schwedischen Waldmärchen

DIE PERLE

An seinem zwölften Geburtstag — also in dem Alter, in dem auch im Märchen häufig mit einem besonderen Ereignis die Bewußtwerdung und Reifung beginnt — durfte Stefan Roi zum ersten Mal auf dem Segelschiff seines Vaters mitfahren. Dabei sah er im Kielwasser des Schiffes den Colombre, einen „schrecklichen und geheimnisvollen Wal", den nur der sieht, den er als Opfer auserwählt hat. Er folgt ihm sein ganzes Leben hindurch, bis es ihm gelingt, sein Opfer zu verschlingen. Der Vater, als er davon erfuhr, brachte seinen Sohn sofort an Land, und dieser mußte ihm versprechen, seinen Wunsch, zur See zu fahren, aufzugeben. Stefan wurde auf eine Hunderte von Kilometern im Hinterland gelegene Schule geschickt und trat nach Beendigung seiner Schulzeit eine gutbezahlte Stelle in einem Warenhaus an. Aber der Gedanke an den unheimlichen Fisch ließ ihn nicht los und wurde zu einer „geheimen Besessenheit". Als sein Vater starb, trat er in dessen Fußstapfen und fuhr zur See. Der Colombre aber, „sein Fluch und sein Schicksal", folgte ihm bei Tag und Nacht im Kielwasser. Er gab aber deswegen nicht nach, ja „die ständige Drohung schien sogar seinen Willen zu stählen, seine Leidenschaft für das Meer und seine Tollkühnheit im Kampf mit der Gefahr zu verdoppeln". Er erwarb ein Vermögen, kaufte ein eigenes Schiff und schmiedete immer ehrgeizigere Pläne. Der „Reiz des Abgrundes" war für ihn größer als alle Freuden eines ruhigen und bequemen Lebens.

Als er sein ganzes Leben in der Unruhe seines Herzens die Ozeane durchquert hatte, fühlte er den Tod nahen. Er nahm Abschied von seiner Mannschaft, ließ ein Boot zu Wasser, nahm eine Harpune und ruderte allein seinem Feind entgegen, um mit seinen letzten Kräften gegen ihn zu kämpfen.

Im Schatten der Nacht tauchte der schreckliche Rachen des Colombre vor ihm auf. Da hob er die Harpune, um ihn zu treffen. Aber der Colombre sagte zu ihm: „Immer wieder und wieder bist du geflohen und hast nicht verstanden, daß ich dich durch alle Meere verfolgt habe, nicht um dich zu verschlingen, wie du angenommen hast, sondern weil der König der Meere mir aufgetragen hatte, dir das zu überreichen". Und der Wal streckte seine Zunge aus und reichte dem alten Mann eine phosphoreszierende Perle dar: die berühmte Perle des Meeres, die ihrem Besitzer Glück, Macht, Liebe und Seelenfrieden verleiht.

Uwe Steffen
nach Dino Buzzati

Jona und der Fisch
Der Mythos von Tod und Wiedergeburt
Reihe „Symbole"
© Kreuz Verlag Stuttgart

Das Labyrinth von Chartres

SAMENKÖRNER

Es war einmal ein Mensch, der betrat einen Laden. Er war ganz überrascht, denn hinter der Ladentheke stand ein Engel. Verwirrt fragte er:-
„Was verkaufen Sie?" „Alles" antwortete der Engel. „Oh, prima", meinte
der Mensch und legte los: „Dann hätte ich gern:
Gute Freunde, Menschen, die mich verstehen, gute Noten in der Schule,
viel Zeit für mich selbst und Frieden für alle Menschen ...."
Der Engel unterbrach ihn: „Entschuldigen Sie, Sie haben mich da
mißverstanden. Wir verkaufen keine Früchte; wir haben lediglich den
Samen ...!"

KLEINES SENFKORN HOFFNUNG

1. Klei-nes Senf-Korn Hoff-nung, mir um-sonst ge-schenkt:
wer-de ich dich pflan-zen, daß du wei-ter-wächst,
daß du wirst zum Bau-me, der uns Schatten wirft,
Früch-te trägt für al-le, al-le, die in Äng-sten sind.

2. Kleiner Funke Hoffnung, mir umsonst geschenkt:
   Werde ich dich nähren, daß du überspringst, daß du wirst zur Flamme, die uns leuchten kann, Feuer schlägt in allen, allen, die im Finstern sind?

3. Kleine Träne Hoffnung, mir umsonst geschenkt:
   Werde ich dich weinen, daß dich jeder sieht, daß du wirst zur Trauer,
   die uns handeln macht, leiden läßt mit allen, allen, die in Nöten sind?

Text: Alois Albrecht
Musik: Ludger Edelkötter

aus: Weil du mich so magst
alle Rechte im Impulse Musikverlag, 48317 Drensteinfurt

SIEBEN KINDER

ein beitrag zum thema
„emanzipation des mannes"

wie viele kinder haben
sie eigentlich? – sieben
zwei von der ersten frau
zwei von der zweiten frau
zwei von der dritten frau
und eines
ein ganz kleines
von mir selber

Ernst Jandl

DAS LÄCHELN DER MADONNA

Ein armes Mädchen, das früh zur Waise geworden war, hatte bei guten Bauersleuten Aufnahme und bescheidenen Unterhalt gefunden. Jeden Morgen hatte es den Blumenkohl auf den Markt zu tragen, und nachdem es ihn an den Gemüsehändler abgesetzt hatte, ging es jedesmal in die nahe Klosterkirche. Dort verneigte es sich andächtig vor dem Bilde der seligsten Jungfrau und legte zwei oder drei Blätter seines Blumenkohls als Weihegabe der Madonna zu Füßen; denn es hatte nichts anderes, um es ihr darzubringen.

Die Mönche merkten mit Verwunderung die sonderbare Spende, die ihnen fast wie eine Mißachtung vorkam, und eines Tages bestellten sie das Kind zu sich, um es zu fragen, warum es das tue. Das Mädchen erwiderte: „Weil ich die himmlische Mutter so lieb habe — meine irdische Mutter habe ich verloren." „Aber kannst du ihr das nicht auf eine andere Weise bezeugen, kannst du nicht beten?" Das Kind verneinte es. Da sagten ihm die Patres, es solle jeden Morgen ins Kloster kommen, damit sie es beten lehrten. Und so geschah es; das Kind lernte in kurzer Zeit lesen und schreiben, dazu etwas Katechismus und einige Gebete. Aber nun brachte es keine Kohlblätter mehr zum Bilde der Madonna, denn es schämte sich dessen.

Dabei wurde das Kind mit jedem Tag trauriger, so daß es den guten Mönchen auffiel, und sie fragten es, warum es nicht mehr so froh sei wie früher. „Ach", erwiderte das Mädchen, „weil mich die himmlische Mutter nicht mehr so liebhat wie früher." „Und woher weißt du das?" „Ich weiß es, ich weiß es ganz sicher", sagte das Kind. „Und seit wann hast du bemerkt, daß sie dich nicht mehr so liebhat wie früher?" „Seit ich soviel gelernt habe", entgegnete das Kind. „Aber wie?" forschten die Patres weiter, „wendet sich etwa die Himmelsmutter von dir ab, wenn du zu ihr betest oder wenn ihr Kinder ein Lied zu ihren Ehren singt?" „Nein, das nicht", rief das Kind. „Warum also meinst du, daß sie dich früher lieber hatte?" „Weil sie früher, als ich ihr nur meine Kohlblättchen bringen konnte, mir jedesmal zulächelte, und jetzt lächelt sie nicht mehr!"

Spanische Legende

142

...DAMIT ICH
NEU ANFANGEN KANN

Ich möchte gerne frei sein von meiner Angst,
gegen den Strom zu schwimmen,
damit ich tun kann, was recht ist.

Ich möchte gerne frei sein von dem Zwang,
immer nur an mich selber zu denken,
damit ich auch den anderen sehe.

Ich möchte gerne frei sein von meiner Art,
den bequemsten Weg zu gehen,
damit ich mich mit gutem Gewissen
freuen kann über das Erreichte.

Ich möchte gerne frei sein von der Lieblosigkeit
anderen gegenüber, die mir nicht liegen,
damit es mir nachher nicht leid tut.

Ich möchte gerne frei sein von meinem Neid
auf jeden, der etwas ist oder hat;
denn Neid macht nicht fröhlich.

Ich möchte gerne frei sein von meiner Schuld,
die mich immer wieder bedrückt,
damit ich neu anfangen kann.

Peter Cornehl

aus: Werkbuch Gottesdienst
Peter Hammer Verlag, Wuppertal

143

SEIN EIGEN

1. Mei - nem Gott ge - hört die Welt, mei - nem Gott das
Him - mels- zelt, ihm ge - hört der Raum, die Zeit,
sein ist auch die E - wig - keit.

2. Und sein eigen bin auch ich. / Gottes Hände
   halten mich / gleich dem Sternlein in der Bahn; /
   keins fällt je aus Gottes Plan.

3. Wo ich bin, hält Gott die Wacht, / führt und
   schirmt mich Tag und Nacht; / über Bitten und
   Verstehn / muß sein Wille mir geschehn.

4. Täglich gibt er mir das Brot, / täglich hilft er in
   der Not, / täglich schenkt er seine Huld / und
   vergibt mir meine Schuld.

5. Lieber Gott, du bist so groß, / und ich lieg in
   deinem Schoß / wie im Mutterschoß ein Kind: /
   Liebe deckt und birgt mich lind.

6. Leb ich, Gott, bist du bei mir, / sterb ich, bleib
   ich auch bei dir, / und im Leben und im Tod / bin
   ich dein, du lieber Gott!

Text: Arno Pötzsch
Musik: Christian Lahusen

aus: Lieder für den Kindergottesdienst
© *Bärenreiter-Verlag, Kassel*

Holzschnitt um 1485

145

NICHT DEIN EIGEN

Deine Kinder sind nicht deine Kinder, sie sind die Söhne und Töchter der Sehnsucht des Lebens nach sich selbst.

Sie kommen durch dich, aber nicht von dir, und obwohl sie bei dir sind, gehören sie dir nicht, du kannst ihnen deine Liebe geben, aber nicht deine Gedanken, denn sie haben ihre eigenen Gedanken, du kannst ihrem Körper ein Heim geben, aber nicht ihrer Seele, denn ihre Seele wohnt im Haus von morgen, das du nicht besuchen kannst, nicht einmal in deinen Träumen.

Du kannst versuchen ihnen gleich zu sein, aber suche nicht, sie dir gleich zu machen, denn das Leben geht nicht rückwärts und verweilt nicht beim Gestern.

Du bist der Bogen, von dem deine Kinder als lebende Pfeile ausgeschickt werden. Laß deine Bogenrundung in der Hand des Schützen Freude bedeuten.

Khalil Gibran

aus: „Der Prophet"
© *Buchverlag Walter-Verlag AG, CH 4601 Olten*

GEBET EINES VATERS
FÜR SEINE TOCHTER

Was ich dir wünsche

Ich wünsche dir nicht den Himmel auf Erden -
aber einen Freund, der dich ganz versteht.

Ich wünsche dir nicht die große Karriere -
nur den guten Weg, den du gehen kannst.

Ich wünsche dir nicht, daß du hart wirst und kalt -
doch die Kraft zum Protest, wenn Unrecht geschieht.

Ich wünsche dir nicht allen Reichtum der Welt -
doch ganz viel von dem, was man Hoffnung nennt.

Ich wünsche dir nicht Erfolg, der dich stolz macht -
aber die Liebe, die dich verwandeln kann.

Thomas Klocke / Johannes Thiele

© *J. Pfeiffer Verlag, München*

GLÜCKWÜNSCHE

1
daß du dir
(hie und da)
glückst

2
daß Glück
dich nicht blende
für Unglücke
anderer

3
daß Unglück
dich nicht verschlinge
für immer

4
daß dir
(ab und zu)
ein Glück für andere
glücke

5
daß dein Wunsch nicht sterbe
nach einer Welt,
wo viele (wo alle?)
sich glücken können

Kurt Marti

Mit freundlicher Genehmigung des Radius-Verlags Stuttgart entnommen aus:
Kurt Marti: Lachen, Weinen, Lieben. Ermutigungen zum Leben
© Radius-Verlag, Stuttgart 1985

2.3 verzweifeln und hoffen

WARUM HAST DU MICH VERLASSEN?

Eine(r): Mein Gott, mein Gott, warum hast du mich verlassen? /
Ich schreie, aber meine Hilfe ist ferne. +

Alle: Mein Gott, des Tages rufe ich, doch antwortest
du nicht, /
und des Nachts, doch finde ich keine Ruhe. +

Eine(r): Du aber bist heilig, /
der du thronst über den Lobgesängen Israels. +

Alle: Unsere Väter hofften auf dich; /
und da sie hofften, halfst du ihnen heraus. +

Eine(r): Zu dir schrien sie und wurden errettet, /
sie hofften auf dich und wurden nicht zuschanden. +

Alle: Ich aber bin ein Wurm und kein Mensch, /
ein Spott der Leute und verachtet vom Volke. +

Eine(r): Sei nicht ferne von mir, denn Angst ist nahe; /
denn es ist hier kein Helfer. +

Alle: Ich bin ausgeschüttet wie Wasser, alle meine
Knochen haben sich voneinander gelöst; /
mein Herz ist in meinem Leibe wie zerschmolzenes
Wachs. +

Eine(r): Meine Kräfte sind vertrocknet wie eine Scherbe,
und meine Zunge klebt mir am Gaumen, /
und du legst mich in des Todes Staub. +

Alle: Ich kann alle meine Knochen zählen; /
sie aber schauen zu und sehen auf mich herab. +

Eine(r): Aber du, Herr, sei nicht ferne; /
meine Stärke, eile, mir zu helfen. +

aus Psalm 22

KEHRVERS: Aus der Tiefe (S. 26) zu Beginn und am Ende

ZWÖLF HAB'-ACHT-AUF-DICH-REGELN ZUR KRISE

1. Rufe dir in Erinnerung, daß es ein Unglück ist. Aber „es ist, was es ist".

2. Vernachlässige nicht dein Tagebuch. Und wenn du keines hast, dann wird es Zeit.

3. Denke nicht, du fällst deinen Freunden oder Freundinnen auf den Wecker, wenn du sie anrufst oder besuchst und mit ihnen redest. Wenn du ihnen auf den Wecker fällst, sollen sie es dir mindestens einmal deutlich sagen.

4. Wenn du sagst „Niemand versteht mich", überprüfe, ob das stimmt, oder ob du vielleicht von dir selbst redest.

5. Brich nur die und so viele Kontakte ab wie notwendig, um unabgelenkt bei dir sein zu können.

6. Prüfe, ob eine Ortsveränderung dir guttäte.

7. Es könnte sein, daß du deine Musikhörgewohnheiten änderst und neue Akzente entdeckst.

8. Lerne ein Gedicht oder ein Gebet oder einen Psalm, der dich anfliegt, auswendig und memoriere ihn mehrmals am Tag laut.

9. Schau', ob es an der Zeit ist, daß dich ein Kundiger eine Wegstrecke begleite, aber wähle ihn nicht blinder als du bist.

10. Nicht jede Hand, die sich dir entgegenstreckt, ist hilfreich, aber auch nicht jede von Übel.

11. Nutze die Zeit zwischen den »Hohl- und Warteräumen«, um Spielräume auszuprobieren. Trotz allem bleibst du für dich verantwortlich.

12. Auch wenn du durchhängst, bist du von Gott geliebt. Und es macht nichts, wenn dir das nichts bedeutet.

Michael Lipps

MITTEN UNTER UNS

Und sie kamen nahe an das Dorf, wo sie hingingen. Und er stellte sich, als wollte er weitergehen. Und sie nötigten ihn und sprachen: Bleibe bei uns; denn es will Abend werden, und der Tag hat sich geneigt. Und er ging hinein, bei ihnen zu bleiben. Und es geschah, als er mit ihnen zu Tisch saß, nahm er das Brot, dankte, brach's und gab's ihnen. Da wurden ihre Augen geöffnet, und sie erkannten ihn. Und er verschwand vor ihnen. Und sie sprachen untereinander: Brannte nicht unser Herz in uns, als er mit uns redete auf dem Wege und uns die Schrift öffnete?

Und sie standen auf zu derselben Stunde, kehrten zurück nach Jerusalem und fanden die Elf versammelt und die bei ihnen waren; die sprachen: Der Herr ist wahrhaftig auferstanden und Simon erschienen. Und sie erzählten ihnen, was auf dem Wege geschehen war und wie er von ihnen erkannt wurde, als der das Brot brach.

Lukas 24,28-35

Text Urheber: Lukas 24, 29
Melodie Urheber: Albert Thate
Satz Besetzung: dreistimmiger Kanon
Quelle/Ausgabe: Bruder Singer, BA 1250
© Bärenreiter-Verlag, Kassel

HERR, BLEIBE BEI UNS

Herr, blei - be bei __ uns; denn es will A - bend wer - den, und der Tag hat sich ge - nei - get.

Rembrandt Harmensz. van Rijn, „Emmaus"

*Mit freundlicher Genehmigung der Chr. Belser AG
für Verlagsgeschäfte & Co. KG, Stuttgart, entnommen
aus: Rembrandt van Rijn, Leben und Werk.*

153

NUTZLOS BRAUCHBAR

Ein Zimmermann und sein Lehrling gingen miteinander durch einen großen Wald. Als sie auf einen großen, riesigen, knorrigen, alten wunder-
schönen Eichbaum stießen, fragte der Zimmermann seinen Lehrling:
„Weißt Du, weshalb dieser Baum so groß, so riesig, so knorrig, so alt und
so wunderschön ist?" Der Lehrling schaute seinen Meister an und sagte:
„Nein ... warum?"

„Deshalb", sagte der Zimmermann, „weil er nutzlos ist. Wäre er brauch-
bar gewesen, dann wäre er schon lange gefällt und zu Tischen und Stühlen verarbeitet worden. Aber weil er unbrauchbar ist, konnte er so groß
und so wunderschön werden, daß man sich nun in seinen Schatten setzen und sich unter ihm erholen kann."

Henri J. M. Nouwen

aus: In ihm das Leben finden
© *Verlag Herder, Freiburg – Basel – Wien*

HOFFNUNGSVOLLE TÄTIGKEITEN

Im Gras liegen und die Wolken betrachten
Thymian sammeln, zwischen den Fingern zerreiben und
      daran riechen
einen Säugling auf die Arme nehmen
mit dem Velo an einer stehenden Autokolonne vorbei-
      fahren
am Brunnen Wasser trinken
einem Mädchen in die Augen schauen
schöne Steine in einem Flußbett suchen
dem Regen zuhören
Eisblumen an den Fenstern anschauen …

schweigen, ohne einsam zu sein
einem Kind über das Haar streichen
einem Freund von seinen Ängsten erzählen können …

einen Regenbogen sehen
neuen Most aus einem Steinkrug trinken
ein Präzisionsstück an der Drehbank fertigstellen
nach einem befriedigenden Tag müde in den Schlaf
      sinken …

hören, daß der Lehrer einen Fehler zugeben konnte
einen Igel von der Straße auf die Wiese setzen …

Psalm dreiundzwanzig lesen
eine Semesterarbeit abgeben …

Abendmahl auf einer Wiese feiern
auf einem Fensterplatz in der Eisenbahn einen Brief lesen …

einen Leserbrief schreiben, der auch gedruckt wird …

tanzen bis zur Erschöpfung
weinen können
ein Lied vor sich hinsummen — …

Christoph Stückelberger

MACHE DEM FURCHTSAMEN MUT

1. Ma- che dem Furchtsa-men Mut. Sag nicht nur: Fürch-te dich nicht. Ge- he mit ihm ein Stück Wegs, leg ihm die Hand auf die Schul - ter. Ma - che dem Furcht- sa- men Mut.

2. Tritt für den Furchtsamen ein. Sag nicht nur: Fürchte dich nicht. Tue den Mund für ihn auf, hilf ihm und dir, dich zu wehren. Mache dem Furchtsamen Mut.

3. Nimm doch den Furchtsamen mit. Sag nicht nur: Fürchte dich nicht. Gib ihm ein Dach für die Nacht. Gib ihm Geleit in den Morgen. Mache dem Furchtsamen Mut.

4. Mache dem Furchtsamen Mut. Sag nicht nur: Fürchte dich nicht. Stell dich zu ihm und versuch, mit ihm den Frieden zu leben, mit ihm den Frieden zu leben!

Text: Dieter Frettlöh
Musik: Detlev Jöcker

aus MC und Liederheft: Das Liederbuch zum Umhängen 1
Rechte: Menschenkinder Verlag, 48157 Münster

156

IN GROSSER NOT

Angst, Herr,
grenzenlose Angst
ist über mich gekommen,
seit ich erfahren habe,
wie krank ich bin.

Ob ich noch hoffen darf, Herr?
Keiner mag sich festlegen,
der Arzt nicht, die Freunde nicht.
Ich spüre, sie haben mit mir Angst.

Vor dir, Herr, muß ich wenigstens
nicht stark und beherrscht erscheinen.
Am liebsten möchte ich losheulen,
alles hinausschreien,
die Schmerzen, die Angst.
Klagen können, Herr, —
ich habe nicht gewußt,
daß das eine Gnade ist.

Gerne möchte ich beten können
wie andere, die angefochten sind:
Daß nichts mich scheiden kann
von deiner Liebe — nichts:
weder Tod noch Leben,
weder Gegenwärtiges noch Zukünftiges,
weder Schmerzen noch Angst.

Doch alles in mir
ist in Aufruhr und klagt an.
Mit deinem Sohn am Kreuz
schreit es in mir:
„Mein Gott, mein Gott,
warum hast du mich verlassen?"
Mit deinem Sohn flehe ich dich an:
„Herr, ist's möglich,
so laß diesen Kelch
an mir vorübergehen!"
Mit deinem Sohn
möchte ich beten lernen:
„Dein Wille geschehe!" Amen.   *Manfred Wahl*

Akelei Repgen

WEICHES WASSER BRICHT DEN STEIN

Doch der Mann in einer heitren Regung
Fragte noch: „Hat er was rausgekriegt?"
Sprach der Knabe: „Daß das weiche Wasser
in Bewegung
Mit der Zeit den mächtigen Stein besiegt.
Du verstehst, das Harte unterliegt."

Bertolt Brecht

aus: Gesammelte Werke.
© *Suhrkamp Verlag Frankfurt am Main 1967*
„*Weiches Wasser bricht den Stein"*

LASS DICH NICHT VERHÄRTEN

1. Du, laß dich nicht ver-här-ten in die-ser har-ten Zeit. Die all-zu hart sind, bre-chen, die all-zu spitz sind, ste-chen und bre-chen ab so - gleich, und bre-chen ab so - gleich.

2. Du, laß dich nicht verbittern, / in dieser bittren Zeit. / Die Herrschenden erzittern — / sitzt du erst hinter Gittern — / doch nicht vor deinem Leid, doch nicht vor deinem Leid.

3. Du, laß dich nicht erschrecken / in dieser Schreckenszeit. / Das wollen sie bezwecken, , daß wir die Waffen strecken / schon vor dem großen Streit, schon vor dem großen Streit.

4. Du, laß dich nicht verbrauchen, / gebrauche deine Zeit. / Du kannst nicht untertauchen, / du brauchst uns, und wir brauchen / grad deine Heiterkeit.

5. Wir wolln es nicht verschweigen / in dieser Schweigenszeit. / Das Grün bricht aus den Zweigen, / wir wolln das allen zeigen, , dann wissen sie Bescheid.

aus: „Nachlaß 1" von Wolf Biermann
© 1977 by Verlag Kiepenheuer & Witsch Köln

Autun: Drei Weise

WENN EINER ALLEINE TRÄUMT

Wenn ei - ner al - lei - ne träumt, ist es nur ein

Traum. Wenn vie - le ge - mein - sam träu - men, so

ist das der Be - ginn, der Be - ginn ei - ner neu - en Wirk - lich -

keit. Träumt un - sern Traum! Wenn

Text: Dom Helder Camara
Musik: Ludger Edelkötter

aus: „Herr, gib uns deinen Frieden"
©Impulse-Musikverlag
Natorp 2, 48317 Drensteinfurt

160

BEGEGNUNGEN

Ich träume davon, daß eines Tages der Krieg ein Ende nehmen wird, daß die Männer ihre Schwerter zu Pflugscharen und ihre Spieße zu Sicheln machen, daß kein Volk wider das andere ein Schwert aufheben und nicht mehr kriegen lernen wird.

Ich träume auch heute noch davon, daß eines Tages das Lamm und der Löwe sich miteinander niederlegen werden und ein jeglicher unter seinem Weinstock und Feigenbaum wohnen wird ohne Scheu. Ich träume auch heute noch davon, daß eines Tages alle Täler erhöht und alle Berge und Hügel erniedrigt werden, und daß die Herrlichkeit des Herrn offenbart werden und alles Fleisch miteinander es sehen wird.

Ich träume noch immer davon, daß wir mit diesem Glauben imstande sein werden, den Rat der Hoffnungslosigkeit zu vertagen und neues Licht in die Dunkelkammern des Pessimismus zu bringen. Mit diesem Glauben wird es uns gelingen, den Tag schneller herbeizuführen, an dem Frieden auf Erden ist. Es wird ein ruhmvoller Tag sein, die Morgensterne werden miteinander singen und alle Kinder Gottes vor Freude jauchzen.

Martin Luther King

LIEBESLIED
EINER FRAU
IN BETHANIEN

ohne deine Augen
sehe ich nur die Hälfte

ohne deine Ohren
höre ich sehr schlecht

ohne deinen Mund
komme ich ins Stottern

ohne deine Hände
begreife ich nicht viel

ohne deine Füße
verlaufe ich mich

ohne deine Liebe
wird es wüst in mir

deshalb
bleibe doch
bleibe doch da

noch ist Zeit
gegen die Angst zu singen
gegen die Armut zu träumen

noch ist Zeit
gegen den Ungeist zu reden
gegen Atome zu laufen

noch ist Zeit
gegen Gewalten zu handeln
gegen den Tod zu lieben

noch ist Zeit
für uns
zu leben
für diese Welt

deshalb
bleibe da

o. A.

2.4   zur Gerechtigkeit ermutigen

ER SCHAFFT GERICHT UND GERECHTIGKEIT

Eine(r): Der Herr ist König, darum zittern die Völker; /
          er sitzt über den Cherubim, darum bebt die Welt. +
Alle: Der Herr ist groß in Zion /
          und erhaben über alle Völker. +
Eine(r): Preisen sollen sie deinen großen und wunderbaren Namen, /
          — denn er ist heilig — +
          und die Macht des Königs, /
          der das Recht lieb hat. +
Alle: Du hast bestimmt, was richtig ist, /
          du schaffest Gericht und Gerechtigkeit in Jakob. +
Eine(r): Erhebet den Herrn, unsern Gott, betet an vor dem
          Schemel seiner Füße; /
          denn er ist heilig. +
Alle: Mose und Aaron unter seinen Priestern, und Samuel
          unter denen, die seinen Namen anrufen, /
          die riefen den Herrn an, und er erhörte sie. +
Eine(r): Er redete mit ihnen in der Wolkensäule; /
          sie hielten seine Gesetze und Gebote, die er ihnen
          gab. +
Alle: Herr, du bist unser Gott, du erhörtest sie;/
          du, Gott vergabst ihnen und straftest ihr Tun. +
Eine(r): Erhebet den Herrn, unsern Gott, und betet an
          auf seinem heiligen Berge;/
          denn der Herr, unser Gott, ist heilig.   *Psalm 99*

KEHRVERS

Glo-ri-a, glo-ri-a, glo-ri-a   Pa - tri et Fi-li-o.

Glo-ri-a, glo-ri-a, glo-ri-a   Spi-ri-tu-i San-cto.*

* deutsch: *Ruhm dem Vater und dem Sohn,*
  Ruhm dem Heiligen Geist

„Gesang aus Taizé" - Musik: Jacques Berthier;
© Les Presses de Taizé
Deutsche Rechte: Christophorus-Verlag, Freiburg

164

Käthe Kollwitz, Deutschlands Kinder hungern

GIB FREI, DIE DU BEDRÜCKST

Soll das ein Fasten sein, an dem ich Gefallen habe, ein Tag, an dem man sich kasteit, wenn ein Mensch seinen Kopf hängen läßt wie Schilf und in Sack und Asche sich bettet? Wollt ihr das ein Fasten nennen und einen Tag, an dem der Herr Wohlgefallen hat?

Das aber ist ein Fasten, an dem ich Gefallen habe: Laß los, die du mit Unrecht gebunden hast, laß ledig, auf die du das Joch gelegt hast! Gib frei, die du bedrückst, reiß jedes Joch weg!

Brich dem Hungrigen dein Brot, und die im Elend ohne Obdach sind, führe ins Haus! Wenn du einen nackt siehst, so kleide ihn, und entzieh dich nicht deinem Fleisch und Blut!

Dann wird dein Licht hervorbrechen wie die Morgenröte, und deine Heilung wird schnell voranschreiten, und deine Gerechtigkeit wird vor dir hergehen, und die Herrlichkeit des Herrn wird deinen Zug beschließen.

Dann wirst du rufen, und der Herr wird dir antworten. Wenn du schreist, wird er sagen: Siehe, hier bin ich.

Wenn du in deiner Mitte niemand unterjochst und nicht mit Fingern zeigst und nicht übel redest, sondern den Hungrigen dein Herz finden läßt und den Elenden sättigst, dann wird dein Licht in der Finsternis aufgehen, und dein Dunkel wird sein wie der Mittag.

Und der Herr wird dich immerdar führen und dich sättigen in der Dürre und dein Gebein stärken. Und du wirst sein wie ein bewässerter Garten und wie eine Wasserquelle, der es nie an Wasser fehlt.

Jesaja 58,5-11

BRICH MIT DEN HUNGRIGEN DEIN BROT

1. Brich mit den Hungrigen dein Brot, sprich mit den Sprachlosen ein Wort,
sing mit den Traurigen ein Lied, teil mit den Einsamen dein Haus.

2. Such mit den Fertigen ein Ziel, brich mit den Hungrigen dein Brot,
   sprich mit den Sprachlosen ein Wort, sing mit den Traurigen ein Lied.

3. Teil mit den Einsamen dein Haus, such mit den Fertigen ein Ziel,
   brich mit den Hungrigen dein Brot, sprich mit den Sprachlosen ein
   Wort.

4. Sing mit den Traurigen ein Lied, teil mit den Einsamen dein Haus,
   such mit den Fertigen ein Ziel, brich mit den Hungrigen dein Brot.

5. Sprich mit den Sprachlosen ein Wort, sing mit den Traurigen ein Lied,
   teil mit den Einsamen dein Haus, such mit den Fertigen ein Ziel.

Text: Friedrich Karl Barth
Musik: Peter Janssens

aus: Unkraut Leben, 1977
© *Peter Janssens Musik Verlag, Telgte-Westfalen*

NOCH WARTEN WIR

Meine Schwestern sagen mir
daß Menschen sterben
vor Hunger
weil es nichts zu essen gibt.

Meine Schwestern sagen mir
daß Menschen sterben
an Hoffnungslosigkeit
weil es keinen Ausweg gibt.

Meine Schwestern sagen mir
daß Menschen sterben
vor Angst
untergetaucht im Schweigen,
dem Schweigen des Todes.

Meine Schwestern sagen mir
daß Menschen sterben
an der Traurigkeit
Sie haben sich Schätze aufgehäuft
und haben ihre Seele verkauft.

Meine Schwestern sagen mir
daß Menschen sterben
an Mut
Sie haben gewagt, zu sprechen
zu schreiben, zu schreien
gegen ihre Unterdrücker.

Reinhild Traitler

aus: „Wir sind keine Fremdlinge mehr"
© *Evang. Missionswerk, Hamburg*

DEIN REICH KOMME

1. Laß uns den Weg der Ge- rech-tig-keit gehn. Dein Reich kom-me, Herr, dein Reich kom- me. Dein Reich in Klar- heit und Frie-den, Le- ben in Wahr - heit und Recht, dein Reich kom- me, Herr, dein Reich kom- me.

2. Laß uns den Weg der Gerechtigkeit gehn,
   dein Reich komme, Herr, dein Reich komme, Herr.
   Dein Reich des Lichts und der Liebe
   lebt und geschieht unter uns.
   Dein Reich komme, Herr, dein Reich komme.

3. Laß uns den Weg der Gerechtigkeit gehn,
   dein Reich komme, Herr, dein Reich komme.
   Wege durch Leid und Entbehrung
   führen zu dir, in dein Reich,
   dein Reich komme, Herr, dein Reich komme.

Text: M. P. Figuera
Musik: Christobal Halffter

Übersetzung: Diethard Zils, Christoph Lehmann
Quelle: misa de la juventud, 1964
aus: Es sind doch deine Kinder, 1983
© tvd-Verlag, Düsseldorf

BRIEF AUS CHILE

Lieber Bruder,

ich schreibe diese Zeilen in großer Ungewißheit. Ich werde wahrscheinlich nie erfahren, ob Dich dieser Brief im Exil in Deutschland erreicht.

Ich wurde zusammen mit vielen anderen verhaftet, als Uniformierte unsere Gewerkschaftsversammlung stürmten. Man brachte uns an einen fremden Ort außerhalb der Stadt, wo wir stundenlang in einem kalten, feuchten Raum kauerten. Durch die meterdicken Mauern drang kein Geräusch nach innen, es war totenstill. Plötzlich wurde die Tür aufgestoßen, und ein paar Männer kamen herein. Einer, er sprach mit deutschem Akzent, schrie uns gemein und brutal an.

Ich wurde in eine winzige Einzelzelle gebracht. ...
Irgendwann bin ich dann eingeschlafen. Ich wurde geweckt, und hatte jedes Zeitgefühl verloren. Ich wurde durch lange, kahle Gänge geführt. Das Neonlicht blendete mich, meine Augen taten weh. Ich wurde in einen großen Raum geführt, die Folterkammer. Eine Tür wurde aufgerissen, sechs uniformierte Männer kamen herein. Sie beachteten mich nicht und sprachen über einen Freund von mir, wie sie ihn mit Elektroschocks gefoltert hatten, und wie er zusammenbrach. Sie wollten mich einschüchtern. Sie packten mich und traten mir in den Magen und schlugen mir in die Rippen, bis ich keine Luft mehr bekam. Sofort fing einer an, mir Fragen zu stellen: Wie ich heiße, wo ich wohne, an viele Fragen kann ich mich nicht mehr erinnern.

Beantwortete ich eine Frage nicht sofort richtig, schlugen sie wieder zu. Ich konnte nicht überlegen. Sie steckten meinen Kopf in eiskaltes Wasser, bis ich das Bewußtsein verlor. Aufgewacht bin ich in meiner Zelle. Ich war nackt und fror.

Mehrmals wurde ich noch in die Folterkammer gebracht, und auch anderen Gefangenen gegenübergestellt, und sollte gegen sie aussagen. Ich kannte die Männer nicht. Weil ich nichts sagen konnte, wurde ich in eine enge Holzkiste gesteckt, sie schlugen mit Knüppeln gegen die Wände der Kiste. Ich habe gedacht, das überlebe ich nicht.

Ich gebe trotzdem die Hoffnung nicht auf, daß dieses Elend irgendwann vorüber sein wird, auch, wenn ich es nicht mehr erleben kann.

Ich umarme Dich
Dein Bruder Patricio

aus:„Wenn der Stacheldraht blüht" 1981
Text: Ökumenischer Arbeitskreis Düsseldorf-Altstadt
© *tvd-Verlag, Düsseldorf*

170

Versöhnung

© Azariah Mbatha

171

FÜRBITTE

Für alle, die hilflos an ihren Gefängnistüren rütteln,
damit wir frei sein können — einen Gedanken.

Für alle, die im Dunkeln schmachten,
damit wir in der Sonne gehen können — einen Gedanken.

Für alle, deren Rippen gebrochen wurden,
damit wir tief Atem schöpfen können — einen Gedanken.

Für alle, deren Rücken zerschmettert wurden,
damit wir aufrecht gehen können — einen Gedanken.

Für alle, deren Gesichter geschlagen wurden,
damit wir ohne Furcht laufen können — einen Gedanken.

Für alle, deren Münder geknebelt wurden,
damit wir aussagen können — einen Gedanken.

Für alle, deren Stolz zerfetzt auf den Fliesen ihrer Zelle liegt,
damit wir ungebeugt gehen können — einen Gedanken.

Für alle, deren Mütter in Angst leben,
damit unsere Frauen glücklich sein können — einen Gedanken.

Für alle, deren Land in Ketten liegt,
damit unsere Heimat frei ist — einen Gedanken.

Und für ihre Wärter und Folterknechte — einen Gedanken,
den traurigsten von allen.
Sie sind die am meisten Geschlagenen,
denn die Stunde der Wahrheit wird kommen.

Salvador de Madariaga

KEIN FRIEDEN OHNE GERECHTIGKEIT

Die Völker der Erde brauchen Frieden und Gerechtigkeit.
Frieden ist nicht nur Abwesenheit von Krieg. Frieden kann nicht auf ungerechten Strukturen aufgebaut werden. Frieden setzt eine neue Weltordnung voraus, die begründet ist auf Gerechtigkeit für alle und in allen Völkern und auf Respekt für die gottgegebene Menschlichkeit und Würde jedes einzelnen. Frieden, sagt uns der Prophet Jesaja, ist die Frucht der Gerechtigkeit.

Die Kirchen sind heute aufgerufen, ihren Glauben neu zu bekennen und Buße zu tun für ihr Schweigen angesichts von Ungerechtigkeit und der Bedrohung des Friedens. Für die Jünger gibt es keine Alternative zur biblischen Vision vom Frieden, der Gerechtigkeit für alle einschließt, zur Vision der Ganzheit und der Einheit des ganzen Volkes Gottes.
Dies ist das Gebot der Stunde.

Die ökumenische Haltung zu Frieden und Gerechtigkeit beruht auf dem Glauben, daß es nirgendwo je Frieden geben kann, wenn es nicht überall für alle Gerechtigkeit gibt. Seit Beginn der ökumenischen Bewegung war Frieden in Gerechtigkeit eines ihrer Hauptanliegen. Der Ökumenische Rat der Kirchen entstand unter dem Donnergrollen drohender Weltkriege. Seit seiner Gründung hat er den Krieg verurteilt und sich ununterbrochen für die Verhütung von Kriegen, für die Opfer von Kriegen und gegen den Ausbruch neuer Kriege eingesetzt. Er hat Ungerechtigkeiten aufgedeckt, die zu Konflikten führen, hat sich mit Gruppen und Bewegungen solidarisiert, die für Frieden und Gerechtigkeit kämpfen, und war bestrebt, Kommunikationsmöglichkeiten zu schaffen, die der friedlichen Beilegung von Konflikten dienen.

Der Rat hat wiederholt die Aufmerksamkeit der Kirchen — und durch sie die der Regierungen und der Öffentlichkeit — auf die Bedrohungen des Friedens und des Überlebens der Menschheit sowie auf die Eskalation der Krise gelenkt.

Doch heute stehen wir vor einer noch weit kritischeren Situation. Mehr als je zuvor ist es zwingend notwendig, daß Christen und Kirchen gemeinsam für Frieden und Gerechtigkeit kämpfen.

Ökumenischer Rat der Kirchen, Vancouver 1983

Erklärung zu Frieden und Gerechtigkeit, Punkt 8–10 aus:
Bericht aus Vancouver 1983, S. 161 f.
© Verlag Otto Lembeck, Frankfurt/M. 1983

VOR UNSERER TÜR

Ich mühte mich immer noch ab. Alle Hoffnungen hatte ich noch nicht aufgegeben. Bei jeder Gelegenheit versuchte ich, mich den Deutschen zu nähern. Deswegen bin ich auch eines Tages in ein mir unbekanntes Lokal gegangen. In meinem Innern hatte ich Angst. Ich hatte gehört, daß man Türken mancherorts nicht reinließ. Im Lokal waren Griechen und ein italienischer Kollege von mir. Als ich sie sah, atmete ich ein wenig auf. Obwohl ich den Italiener nicht gut kannte, klopfte ich ihm scherzhaft auf die Schulter. Falls der Besitzer Vorurteile gegen Türken haben sollte, dachte ich, könnte ich die so zerstreuen.

Ich drückte mich an die Ecke eines anderen Tisches. Der Kellner kam und fragte, was ich trinken wollte. „Bier", sagte ich. „Bist du Italiener?" fragte er. Ich schluckte einmal, aber lügen wollte ich denn doch nicht. „Ich bin Türke", sagte ich. Gleich änderte sich seine Gesichtsfarbe. „Raus!" sagte er, „Türken haben hier keinen Zutritt."

Ich war verwirrt. Ich schaute die Deutschen neben mir an. Vielleicht würden sie mir zu Hilfe kommen. Jedoch waren ihre Blicke noch schlimmer als die des Kellners. „Was wartest du noch? Mach dich aus dem Staube", wollten sie sagen.

Der Kellner kam wieder. „Wenn du nicht gehst, schmeiße ich dich raus. Solltest du dich wehren, hole ich die Polizei", sagte er. Also wußte die Polizei davon und hatte die Aufgabe, mich aus einem für jedermann zugänglichen Lokal zu werfen. Alle Augen waren auf mich gerichtet. Ich errötete bis in die Haarspitzen.

Unter den Blicken der anderen Ausländer verließ ich niedergeschmettert das Lokal.

Cemal Tümtürk

MITEINANDER TEILEN

Mache deine Wohnräume zu einem Ort,
an dem andere immer willkommen sind . . .
Du hast Nachbarn im Treppenhaus, im Wohnviertel.
Nimm dir Zeit, immer wieder auf sie zuzugehen
und mit ihnen Verbindungen zu knüpfen.
Du wirst dabei oft auf große Einsamkeit stoßen
und feststellen,
daß die Grenze der Ungerechtigkeit
nicht nur zwischen Kontinenten,
sondern nur einige hundert Meter
von deiner Wohnung entfernt verläuft.

Lade andere zum Essen ein.
Das Fest wird eher bei einem einfachen
als bei einem übertriebenen Mahl entstehen ...

Das Gleichnis
des Miteinanderteilens
bezieht sich auch
auf deine Arbeit.
Setze deine Kräfte dafür ein,
daß für alle eine Angleichung der Löhne
und menschenwürdige Arbeitsbedingungen
erreicht werden ...

Das Miteinanderteilen
schließt die ganze Menschheitsfamilie ein.
Es ist unerläßlich, gemeinsam zu kämpfen,
um die Güter der Erde
neu aufzuteilen.
Maßstab sind die tatsächlichen Bedürfnisse
aller Menschen bis hin zu den Allergeringsten,
und nicht die Befriedigung der Bedürfnisse
der westlich orientierten Menschen.

Es gibt nur eine einzige Menschheitsfamilie.
Kein Volk, kein einziger Mensch
ist davon ausgeschlossen.

Roger Schutz

Die Quellen von Taizé: Regel und Briefe, 15. Aufl. 1987
© *Verlag Herder, Freiburg – Basel – Wien*

STEHT NOCH DAHIN

Ob wir davonkommen
ohne gefoltert zu werden,
ob wir eines natürlichen
Todes sterben,
ob wir nicht wieder hungern,
die Abfalleimer
nach Kartoffelschalen durchsuchen,
ob wir getrieben werden in Rudeln,
wir haben's gesehen.

Ob wir nicht noch
die Zellenklopfsprache lernen,
den Nächsten belauern,
vom Nächsten belauert werden,
und beim Wort Freiheit
weinen müssen.

Ob wir uns fortstehlen,
rechtzeitig auf ein weißes Bett
oder zugrunde gehen
am hundertfachen Atomblitz,
ob wir es fertigbringen
mit einer Hoffnung zu sterben,
steht noch dahin,
steht alles noch dahin.

Marie Luise Kaschnitz

2.5 zum Frieden finden

GIB UNS DEIN HEIL

Text: Wolfgang Poeplau
Musik: Ludger Edelkötter
aus: „Herr, gib uns deinen Frieden"
© Impulse-Musikverlag
Natorp 2, 48317 Drensteinfurt

KEHRVERS

Herr, gib uns dei-nen Frie-den, gib uns dei-nen Frie-den,

Frie-den, gib uns dei-nen Frie-den, Herr, gib uns dei-nen Frie-den.

Eine(r):	Herr, der du bist vormals gnädig gewesen deinem Lande / und hast erlöst die Gefangenen Jakobs; +
Alle:	der du die Missetat vormals vergeben hast deinem Volk / und alle seine Sünde bedeckt hast; +
Eine(r):	hilf uns, Gott, unser Heiland, / und laß ab von deiner Ungnade über uns! +

KEHRVERS

Eine(r):	Herr, erweise uns deine Gnade / und gib uns dein Heil! +
Alle:	Könnte ich doch hören, / was Gott der Herr redet, +
Eine(r):	Doch ist ja seine Hilfe nahe denen, die ihn fürch- ten, /
Alle:	daß in unserm Lande Ehre wohne; + daß Güte und Treue einander begegnen, / Gerechtigkeit und Friede sich küssen; +
Eine(r):	daß Treue auf der Erde wachse / und Gerechtigkeit vom Himmel schaue;
Alle:	daß uns auch der Herr Gutes tue, / und unser Land seine Frucht gebe; +
Eine(r):	daß Gerechtigkeit vor ihm her gehe / und seinen Schritten folge. +

KEHRVERS

aus Psalm 85

178

WIE WIRD FRIEDE?

Wie wird Friede? Durch ein System von politischen Verträgen? Durch Investierung internationalen Kapitals in den verschiedenen Ländern? D.h. durch die Großbanken, durch das Geld? Oder gar durch eine allseitige friedliche Aufrüstung zum Zweck der Sicherstellung des Friedens? Nein, durch dieses alles aus dem einen Grunde nicht, weil hier überall Friede und Sicherheit verwechselt wird. Es gibt keinen Weg zum Frieden auf dem Weg der Sicherheit. Denn Friede muß gewagt werden, ist das eine große Wagnis, und läßt sich nie und nimmer sichern. Friede ist das Gegenteil von Sicherung.

Sicherheiten fordern, heißt Mißtrauen haben, und dieses Mißtrauen gebietet wiederum Krieg. Sicherheiten suchen, heißt sich selber schützen wollen. Friede heißt, sich gänzlich ausliefern dem Gebot Gottes, keine Sicherung wollen, sondern in Glaube und Gehorsam dem allmächtigen Gott die Geschichte der Völker in die Hand legen und nicht selbstsüchtig über sie verfügen wollen. Kämpfe werden nicht mit Waffen gewonnen, sondern mit Gott. Sie werden auch dort noch gewonnen, wo der Weg ans Kreuz führt. Wer von uns darf denn sagen, daß er wüßte, was es für die Welt bedeuten könnte, wenn ein Volk — statt mit der Waffe in der Hand — betend und wehrlos und darum gerade bewaffnet mit der allein guten Wehr und Waffe den Angreifer empfinge? (Gideon ... des Volkes ist zuviel, das mit dir ist ... Gott vollzieht hier selbst die Abrüstung!)

Noch einmal darum: Wie wird Friede? Wer ruft zum Frieden, daß die Welt es hört, zu hören gezwungen ist, daß alle Völker darüber froh werden müssen? Der einzelne Christ kann das nicht — er kann wohl, wo alle schweigen, die Stimme erheben und Zeugnis ablegen, aber die Mächte der Welt können wortlos über ihn wegschreiten. Die einzelne Kirche kann auch wohl zeugen und leiden – ach, wenn sie es nur täte –, aber auch sie wird erdrückt von der Gewalt des Hasses. Nur das eine große ökumenische Konzil der Heiligen Kirche Christi aus aller Welt kann es so sagen, daß die Welt zähneknirschend das Wort zum Frieden vernehmen muß und daß die Völker froh werden, weil diese Kirche Christi ihren Söhnen im Namen Christi die Waffen aus der Hand nimmt und ihnen den Krieg verbietet...

Dietrich Bonhoeffer

WAS DER KOLKRABE DEN TIEREN RIET

Eines Morgens saß ein älterer Rabe, durch tagelange Stürme aus den Voralpen zum Teutoburger Wald verschlagen, auf dem knorrigen Ast einer Eiche und sah dem unerbittlichen Jagdtreiben im Talgrunde zu. Als man am Abend das erlegte Wild zusammentrug, zählte die Strecke der getöteten Tiere Hunderte von Rehen, Hasen, Wildschweinen und Fasanen. Da beschloß der Kolkrabe in seiner empörten Trauer, den Tieren einen Rat zu geben. Er ließ durch Wildtauben eine Botschaft an sie ergehen. In einer Vollmondnacht versammelten sich die Tiere in einer Waldschlucht, um den Raben anzuhören.

Die Folgen dieser nächtlichen Beratung bezeichnete später der Deutsche Jagdschutzverband als unzumutbares Verhalten. Der Internationale Jagdrat, Paris, sprach von einer bestürzenden Entwicklung.

Der Kolkrabe hatte den Tieren klargemacht, daß es ihre Scheu war, ihre übergroße Angst, die sie ins Verderben führte.

„Kein Jäger", krächzte der Rabe, „schießt hierzulande auf euch, weil ihm der Magen knurrt. Er schießt, weil ihr flieht, er will euch mit seiner Kugel fangen. Ein blutiges Fangspiel also. Dem kann abgeholfen werden. Hört meinen Rat." Die Tiere hörten verwundert zu. Als der Rabe geendet hatte, meldete sich ein Sechserbock zu Wort. Heiser bellend brachte er vor, daß es nur ihre Läufe seien, in denen diese Furcht sitze; sie seien nun einmal nicht Herr über ihre schnellen Beine.

Ein Igel, der sich hinzugeschlichen hatte, bemerkte schmatzend, gegen die Furcht in den Beinen gäbe es ein zwar seltenes, aber wirksames Kraut. Er verschwand in einem Laubgraben und kehrte nach einer halben Stunde zurück, ein zierliches grünes Kraut auf seinen Stacheln. Der Rabe dankte dem Igel und riet den Tieren, dieses Kraut zu suchen, einen Vorrat anzulegen und morgens und abends einige Blätter davon zu verzehren.

Als die große Diplomatenjagd wieder einmal fällig war, geschah das Unerwartete. Die Herren stiegen aus ihren Wagen und betraten mit den Jagdgehilfen das Revier. Der Anblick, der sich ihnen auf einer stillen Waldwiese bot, bewirkte, daß sie vergaßen, ihre ziselierten Doppelläufigen und Drillinge an die wattierten Schultern zu reißen. Rings um den Waldsaum standen und lagerten Hunderte von Hirschen, Rehen, Wildschweinen, Hasen und Fasanen. Auf dem höchsten Baum saß ein alter Rabe.

Den Jagdgästen und Treibern schien es, daß die Tiere sie erstaunt und vorwurfsvoll anblickten. Um sie zu erschrecken, schoß ein kanadischer Diplomat in die Luft. Die Tiere rührten sich nicht. Die Jagdgesellschaft war bestürzt und ratlos.

„Man kann unmöglich", sagte ein Herr aus Finnland, „auf ein Tier schießen, das nicht einmal aufsteht, geschweige denn flieht."

„Diesen Schimpf", sagte ein Guatemalteke, „kann man doch nicht einfach hinnehmen!"

„Völlig einwandfreie Herausforderung", schnarrte ein Militärattaché, „auf die wir die gebührende Antwort erteilen werden!" Er legte die Doppelbüchse an und schoß auf einen Keiler. Der Schwarzkittel kippte zur Seite, öffnete den blutenden Rüssel und verschied. Unbeweglich blickten die übrigen Tiere auf die gefährlich Bewaffneten. Der Jagdgesellschaft war jedoch die Jagdlust vergangen.

Einige Zeit noch lebten die Tiere in Wald und Feld frei und unbesorgt, weil sie nicht mehr davonliefen und durch ihre friedliche Zutraulichkeit den Jägern den Spaß am Schießen verdarben. Aber eines Tages war die letzte Staude des von der Furcht befreienden Krautes abgefressen und die Vorräte aufgebraucht. Da es nur sehr langsam nachwächst, fliehen die Tiere inzwischen wieder vor dem Menschen und werden solange mit verdoppeltem Eifer erlegt.

Ernst Kreuder

SCHWERTER ZU PFLUGSCHAREN

Dies ist's, was Jesaja, der Sohn des Amoz, geschaut hat über Juda und Jerusalem:

Es wird zur letzten Zeit der Berg, da des Herrn Haus ist, fest stehen, höher als alle Berge und über alle Hügel erhaben, und alle Heiden werden herzulaufen, und viele Völker werden hingehen und sagen: Kommt, laßt uns auf den Berg des Herrn gehen, zum Hause des Gottes Jakobs, daß er uns lehre seine Wege und wir wandeln auf seinen Steigen! Denn von Zion wird Weisung ausgehen und des Herrn Wort von Jerusalem.

Und er wird richten unter den Heiden und zurechtweisen viele Völker. Da werden sie ihre Schwerter zu Pflugscharen und ihre Spieße zu Sicheln machen. Denn es wird kein Volk wider das andere das Schwert erheben, und sie werden hinfort nicht mehr lernen, Krieg zu führen.

Kommt nun, ihr vom Hause Jakob, laßt uns wandeln im Licht des Herrn!

Jesaja 2,1-5

DIE ROSE FÜR DEN POLIZISTEN

Etwas zum Festhalten. Das braucht nicht nur ein Junge oder ein Mädchen. Der Polizist vor dem Messegelände nicht minder. Eines Tages — zur Kirchentagszeit — schenkt ihm ein junges Mädchen eine Rose. Fast wäre es schiefgegangen.

Mißtrauisch war er zurückgeschreckt, als das blonde Kind zu ihm gekommen war mit dem Blümchen. Unwirsch war er gewesen, ängstlich, einmal mehr lächerlich gemacht zu werden. „Aber Sie dürfen sie nicht zurückweisen", hatte sie gesagt. Und hatte davon gesprochen, daß sie eine von dreiundzwanzigtausend Rosen bekommen habe. Sie wolle sie nicht verschenken. Sie wolle die Freundlichkeit weitergeben, die sie selber erfahren habe. Ihn hatte sie sich spontan ausgesucht. Ihn, den Polizisten, den Uniformträger, der die Staatsgewalt verkörpert — alles andere als geliebt von Leuten ihres Alters.

Sie hat ihn nicht verspottet. Er hat sein Mißtrauen überwunden. Belohnt worden ist er dafür: Am Abend, nach Dienstschluß, ist ihm mehr als einer begegnet mit einer Rose am Revers, in der Hand. Sie haben ihm zugenickt oder gelächelt — „ah, auch einer von denen ..." Und unter den Kollegen war die Geste der Freundlichkeit noch lange Gesprächsthema gewesen. Auch später noch.

aus: Uwe Seidel/Diethard Zils,
Das Brot ist der Himmel, Gebete, Geschichten, Meditationen aus Schalom
Patmos-Verlag, Düsseldorf, Aussaat-Verlag, Neukirchen-Vluyn

SEHT DAS KLEINE FRIEDENSZEICHEN

©tvd-Verlag, Düsseldorf

2. Seht das kleine Friedenszeichen, das die Feindschaften zerschlägt, wenn wir uns die Hände reichen wächst die Liebe und sie trägt.

3. Seht das kleine Friedenszeichen, das die Ängstlichkeit vertreibt, wenn wir nicht den Waffen weichen blüht die Hoffnung und sie bleibt.

4. Seht das kleine Friedenszeichen, das die ganze Welt ergreift, wenn wir Gottes Kindern gleichen wirkt der Glaube und er reift.

Text: Eckart Bücken
Musik: Holger Clausen

aus: Solange die Erde noch steht, 1985
Alle Rechte im tvd-Verlag, Düsseldorf

GRENZÜBERSCHREITEND

Wenn der Anachronismus feindlicher Grenzen endlich überwunden ist, wenn alle begriffen haben, was auf dem Spiel steht und wie schön das Leben miteinander sein könnte, dann ist es Zeit, im gemeinsamen Haus ein Fest zu feiern. Große und Kleine tragen bunte Gewänder und bewegen sich zu den Klängen von mindestens fünfundzwanzig Bands. An den Büfetts gibt es Spaghetti Napolitana und Korvlada, Bigos und Borschtsch, Mousse Parmentier und Dresdener Stollen – alles nach den Rezepten vieler Großmütter zubereitet – und natürlich viele Arten Getränke. In Uniform sind nur die Clowns. Und in irgendeiner Ecke demonstrieren Väter ihren Kindern mit Hilfe von Zinnsoldaten, wie bemerkenswert dumm ihre Vorfahren miteinander umgegangen sind.

Annemarie Schönherr

Auszug aus der Rede „Frieden in Gerechtikeit für die ganze Schöpfung",
gehalten anläßlich: Europäische Ökumenische Versammlung
„Frieden in Gerechtigkeit" Basel: 15. – 21. Mai 1989

184

DAS EINE BROT

1. Das ei - ne Brot wächst auf vie - len Hal - men, aus vie - len
Men-schen ent-steht Ge - mein - de, da lebt und
Trau- ben wird der Wein. Aus vie-len
stirbt man nicht al - lein. Seht, un-ser Gott lädt
al- le ein, kei- ner soll ver - lo-ren sein. Seht, un-ser Gott lädt
al- le ein, Kei - ner soll ver - lo - ren sein.

Text: Lothar Zenetti (Strophe 1)
© J. Pfeiffer Verlag München

2. Ein jeder braucht sein Brot, sein Wein, und Frieden ohne Furcht
soll sein.

Pflugscharen schmelzt aus Gewehren und Kanonen,
daß wir im Frieden beisammen wohnen.

TÜ: F. K. Barth, D. Trautwein (Strophe 2)
Strube Verlag GmbH, München
Melodie: nach einem aus Israel stammenden
amerikanischen Volkslied

Otto Pankok   *Christus zerbricht das Gewehr*

186

JESU GEFANGENNAHME

Und als er noch redete, siehe, da kam Judas, einer von den Zwölfen, und mit ihm eine große Schar mit Schwertern und mit Stangen, von den Hohenpriestern und Ältesten des Volkes.

Und der Verräter hatte ihnen ein Zeichen genannt und gesagt: Welchen ich küssen werde, der ist's; den ergreift.

Und alsbald trat er zu Jesus und sprach: Sei gegrüßt, Rabbi! und küßte ihn.

Jesus aber sprach zu ihm: Mein Freund, dazu bist du gekommen? Da traten sie heran und legten Hand an Jesus und ergriffen ihn.

Und siehe, einer von denen, die bei Jesus waren, streckte die Hand aus und zog sein Schwert und schlug nach dem Knecht des Hohenpriesters und hieb ihm ein Ohr ab.

Da sprach Jesus zu ihm: Stecke dein Schwert an seinen Ort! Denn wer das Schwert nimmt, der soll durchs Schwert umkommen.

Matthäus 26,47-52

INTONATION

singet dem herrn
der nie eine uniform trägt
der nie eine waffe ergreift
der tote zum leben erweckt

singet dem herrn
der nie einem fahnentuch traut
der nie an parolen sich hängt
der feinde als brüder entlarvt

Kurt Marti

HERAUSGEFORDERT

„Wir glauben, daß für die Kirchen die Zeit gekommen ist, klar und eindeutig zu erklären, daß sowohl die Herstellung und Stationierung als auch der Einsatz von Atomwaffen ein Verbrechen gegen die Menschheit darstellen und daß ein solches Vorgehen aus ethischer und theologischer Sicht verurteilt werden muß.

Die Frage der Atomwaffen ist aufgrund ihrer Tragweite und der drohenden Gefahren, die sie für die Menschheit mit sich bringt, eine Frage christlichen Gehorsams und christlicher Treue zum Evangelium. Wir sind uns bewußt, daß eine solche Erklärung der Kirchen nicht zur Abschaffung von Atomwaffen führen wird. Aber sie wird die Kirchen und ihre Mitglieder zu einer grundlegenden Prüfung ihrer eigenen impliziten oder expliziten Unterstützung einer Politik veranlassen, die indirekt oder direkt auf dem Besitz und dem Einsatz dieser Waffen aufbaut."

Wir rufen die Kirchen dringend auf, ihre Regierungen — und zwar vor allem die derjenigen Länder, die über Atomwaffen verfügen oder verfügen könnten, — nachdrücklich aufzufordern, ein völkerrechtliches Instrument auszuarbeiten und zu ratifizieren, mit dem sowohl der Besitz als auch der Einsatz von Atomwaffen als Verbrechen gegen die Menschheit geächtet werden kann.

Wir bitten die Kirchen außerdem, ihre Regierungen zu drängen, das Recht auf Kriegsdienstverweigerung aus Gewissensgründen anzuerkennen und die Möglichkeiten für einen gewaltfreien Ersatzdienst zu schaffen.

Ökumenischer Rat der Kirchen, Vancouver 1983

Erklärung zu Frieden und Gerechtigkeit, Punkt 25 aus:
Bericht aus Vancouver 1983, S. 167
© Verlag Otto Lembeck, Frankfurt/M. 1983

188

EINES TAGES

Eines Tages werde ich gewissenlos glücklich sein,
da wird mich die Nachricht erreichen, ich weiß nicht
ob Sommer ob wäßriger Schnee ist, kann sein
ich schäle Kartoffeln (versuch ohne
das Messer zu lösen ein Band)

einer wird es vor mir erfahren, er sagt es am
Telefon, möglich ich antworte nicht
lege den Hörer zurück, rauch eine Zigarette
schalte das Radio ein, gieße Blumen
oder ich geh auf die Straße in Läden auf Plätze
um zu bemerken, daß alles wie immer geschieht
die Leute drängen sich vor, anderswo
wird eine Kundgebung organisiert, Mikrofonprobe
der Redner schreibt eine langweilige Rede

an diesem Tag
werde ich Marschmusik lieben und Schalmeien
ich warte auf ihn, wenn mich die Nachricht erreicht
der Krieg ist vorbei, die ich nicht meine Brüder
nenne, falln
ein Schwarm Fliegen, mit ihren Flugzeugen,
Schiffen, Kanonen zurück in ihr Land

Sarah Kirsch, Landaufenthalt,
Langewiesche-Brandt
Ebenhausen bei München 1969/1977

EIN FRIEDENSGRUSS

Ich wünsche dir Augen,
die die kleinen Dinge des Alltags wahrnehmen
und ins rechte Licht rücken,
ich wünsche dir Ohren, die die Schwingungen
und Untertöne im Gespräch mit anderen aufnehmen;
ich wünsche dir Hände, die nicht lange
überlegen, ob sie helfen und gut sein sollen;
ich wünsche dir zur rechten Zeit das richtige Wort,
ich wünsche dir ein liebendes Herz,
von dem du dich leiten läßt,
damit überall, wo du bist, der Friede einzieht.

Ich wünsche dir genügend Erholung
und ausreichend Schlaf,
Arbeit, die Freude macht,
Menschen, die dich mögen und bejahen
und dir Mut machen;
die dir weiterhelfen,
wenn du traurig bist — und müde — und erschöpft.

All das wünsche ich dir ...   *Richard Schatzhauer*

*aus: Seidel/Zils, Das Brot ist der Himmel
Gebete, Geschichten, Meditationen aus Schalom
Patmos-Verlag, Düsseldorf
und Aussaat-Verlag, Neukirchen-Vluyn*

DONA NOBIS

Do-na no-bis pa-cem, pa-cem, do-na no-bis pa - cem. Do-na no-bis pa-cem, do-na no-bis pa - cem. Do-na no-bis pa-cem, do-na no-bis pa - cem.*

*deutsch: Gib uns Frieden

Käthe Kollwitz   Maria und Elisabeth

EINZIGARTIG

Niemals ist es unser Ziel gewesen, Christen und Buddhisten zu Juden zu machen, wir achten sie als das, was sie sind.

Wir bitten den Fremden nicht, uns das zu geben, was wir bereits besitzen — oder was er uns genommen haben könnte, sondern um das, was er als einziger hat.

Wir wollen nicht, daß er uns gleicht, und wünschen nicht, daß wir ihm gleichen. Statt ihn auf Herz und Nieren zu prüfen, um das herauszufinden, was uns vertraut ist, bemühen wir uns eher, das zu verstehen, was uns unbekannt ist.

Worin unterscheidet er sich von uns und ist er anders in seiner Eigenart? Was macht aus ihm einen Fremden? Das interessiert uns, und das scheint uns fruchtbar zu sein.

Elie Wiesel

aus: Macht Gebete aus meinen Geschichten
© *Verlag Herder, Freiburg – Basel – Wien*

GEWALT UND LIEBE

Unsre Hoffnung ist zu neu und zu alt.
Ich weiß nicht, was uns verbliebe,
Wäre Liebe nicht verklärte Gewalt
Und Gewalt nicht irrende Liebe.

Verschwör nicht: „Liebe herrsche allein!"
Magst du's bewähren?
Aber schwöre: An jedem Morgen
will ich neu um die Grenze sorgen
Zwischen Liebestat-Ja und Gewalttat-Nein
Und vordringend die Wirklichkeit ehren.

Wir können nicht umhin,
Gewalt zu üben,
Dem Zwange nicht enfliehn,
Welt zu betrüben,
So laßt uns, Spruchs bedächtig
Und Widerspruchs mächtig
Gewaltig lieben.

Martin Buber

EINE STUNDE DES GLÜCKS

Joe Lederer berichtet von folgendem Erlebnis: Sie lebte eine Zeit lang in China. Ohne wirkliche Freunde fühlte sich sich ganz verloren und von Heimweh geplagt, während sie bei Europäern mit einiger chinesischer Dienerschaft wohnte.

»Und dann kam Weihnachten ... Am Heiligen Abend, und ich saß wieder einmal verheult in meinem Zimmer, überreichte mir der Tsa-tse-fu (der Koch-Kuli) ein Geschenk. Es war eine chinesische Kupfermünze mit einem Loch in der Mitte, und durch das Loch waren viele bunte Wollfäden gezogen und dann zu einem Zopf zusammengeflochten. »Ein sehr altes Münz«, sagte der Koch feierlich. »Und die Wollfäden gehört auch dir. Wollfäden sind von mir und mein Frau und von Zimmer-Kuli und sein Schwester und von Eltern und Brüder von Ofen-Kuli – von uns allen sind die Wollfäden.« Ich bedankte mich sehr. Es war ein merkwürdiges Geschenk – und noch viel merkwürdiger, als ich zuerst dachte. Denn als ich die Münze mit ihrem bunten Wollzopf einem Bekannten zeigte, der seit Jahrzehnten in China lebte, erklärte er mir, was es damit für eine Bewandtnis hatte: Jeder der Wollfäden war eine Stunde des Glücks, das dir für dein Leben vorausbestimmt ist, eine Stunde des Glücks abtreten?« Und Ofen-Kuli und Zimmer-Kuli und Wäsche-Kuli und ihre Verwandten hatten für mich, für die fremde Europäerin, einen Wollfaden gegeben, als Zeichen, daß sie mir von ihrem eigenen Glück eine Stunde des Glücks schenkten. Es war ein großes Opfer, das sie brachten. Denn wenn sie auch bereit waren, auf eine Stunde ihres Glücks zu meinen gunsten zu verzichten – es lag nicht in ihrer Macht zu bestimmen, welche Stunde aus ihrem Leben es sein würde. Das Schicksal würde entscheiden, ob sie die Glücksstunde abtraten, in der ihnen ein reicher Verwandter sein Hab und Gut verschrieben hätte, oder ob es nur eine der vielen Stunden sein würde, in der sie glücklich beim Reiswein saßen; ob sie die Glücksstunde wegschenkten, in der das Auto, das sie sonst überfahren hätte, noch rechtzeitig bremste – oder die Stunde, in der das junge Mädchen vermählt worden wäre. Blindlings und doch mit weit offenen Augen machten sie mir, der Fremden, einen Teil ihres Lebens zum Geschenk ...

Von diesem Tag an habe ich mich in China zu Hause gefühlt. Und die Münze mit dem bunten Wollzopf hat mich jahrelang begleitet. Ich habe sie nicht mehr. Eines Tages lernte ich jemanden kennen, der war noch übler dran als ich damals in Shanghai. Und da habe ich einen Wollfaden genommen, ihn zu den anderen Fäden dazugeknüpft – und habe die Münze weitergegeben.«

aus: *Von der Freundlichkeit der Menschen*
© F. A. Herbig Verlagsbuchhandlung, München 1978

ICH TRÄUME EINE KIRCHE

1. Ich träu-me ei-ne Kir - che, in der kein Mensch mehr lügt, wo
nie-mand ei- nen an - dern in fal-scher Hoffnung wiegt.

2. Ich träume eine Kirche, die wahr ist und gerecht,
   wir alle sind nur Freie und niemand Herr und Knecht.

Refrain: Ich träu-me ei- ne Kir- che, die hat den Schritt ge- wagt, die
baut sich auf von un- ten und dient, wie Je- sus sagt.

3. Ich träume eine Kirche, die jedem Feind vergibt.
   Verletztes wird verbunden, der Fremde wird geliebt.

4. Ich träume eine Kirche, die nicht den Waffen traut,
   und die das Zelt des Friedens für alle Menschen baut.

Refrain:
   Ich träume eine Kirche, die hat den Schritt gewagt,
   die baut sich auf von unten und dient, wie Jesus sagt.

5. Ich träume eine Kirche, die teilt und sich verschenkt,
   die wenig an sich selber und mehr an andre denkt.

Text: Dieter Stork
Musik: Fritz Baltruweit

aus: Solange die Erde noch steht, 1985
alle Rechte im tvd-Verlag, Düsseldorf

ALLE TAGE

Der Krieg wird nicht mehr erklärt,
sondern fortgesetzt.
Das Unerhörte ist alltäglich geworden.
Der Held bleibt den Kämpfern fern.
Der Schwache ist in die Feuerzonen gerückt.
Die Uniform des Tages ist die Geduld,
die Auszeichnung der armselige Stern
der Hoffnung über dem Herzen.

Er wird verliehen,
wenn nichts mehr geschieht,
wenn das Trommelfeuer verstummt,
wenn der Feind unsichtbar geworden ist
und der Schatten ewiger Rüstung
den Himmel bedeckt.

Er wird verliehen
für die Flucht von den Fahnen,
für die Tapferkeit vor dem Freund,
für den Verrat unwürdiger Geheimnisse
und die Nichtachtung
jeglichen Befehls.

Ingeborg Bachmann

2.6 Schöpfung bewahren und gestalten

VOM HARREN DER KREATUR

Denn ich bin überzeugt, daß dieser Zeit Leiden nicht ins Gewicht fallen gegenüber der Herrlichkeit, die an uns offenbart werden soll.
Denn das ängstliche Harren der Kreatur wartet darauf, daß die Kinder Gottes offenbar werden.

Die Schöpfung ist ja unterworfen der Vergänglichkeit — ohne ihren Willen, sondern durch den, der sie unterworfen hat —, doch auf Hoffnung; denn auch die Schöpfung wird frei werden von der Knechtschaft der Vergänglichkeit zu der herrlichen Freiheit der Kinder Gottes.

Denn wir wissen, daß die ganze Schöpfung bis zu diesem Augenblick mit uns seufzt und sich ängstet.

Nicht allein aber sie, sondern auch wir selbst, die wir den Geist als Erstlingsgabe haben, seufzen in uns selbst und sehnen uns nach der Kindschaft, der Erlösung unseres Leibes.

Denn wir sind zwar gerettet, doch auf Hoffnung. Die Hoffnung aber, die man sieht, ist nicht Hoffnung; denn wie kann man auf das hoffen, was man sieht?

Wenn wir aber auf das hoffen, was wir nicht sehen, so warten wir darauf in Geduld.

Römer 8,18-25

DAS GLEICHE WORT

1. Das glei-che Wort, die glei-che Hand schuf Mensch und Tier,

schuf Mensch und Tier. Drum sind wir al-lem an-ver-

wandt, was kommt von dir, was kommt von dir.

2. Dein Werk, du hast es angeschaut, es war sehr gut.
   Du, Mensch, dir sei es anvertraut, nimm es in Hut.

3. Wir haben wohl dein Wort gehört, wir hieltens nicht,
   wir haben deine Welt zerstört uns zum Gericht.

4. Herr, gib uns einen neuen Mut zu bau'n das Land.
   Was gut war, werde wieder gut durch unsre Hand.

Text: Klaus Berg
Musik: Oskar Gottlieb Blarr

aus: Es sind doch deine Kinder
Werkheft zu Beatmessen beim Kirchentag 1983 Hannover
tvd-Verlag, Düsseldorf

JEDER TEIL DIESER ERDE

KEHRVERS

Je - der Teil die - ser Er - de

sei dei - nem Volk hei - lig.

Je - der Teil die - ser Er - de

sei dei - nem Volk hei - lig.

Eine(r):	Lobe den Herrn, meine Seele, / und was in mir ist, seinen heiligen Namen! +
Alle:	Lobe den Herrn, meine Seele, / und vergiß nicht, was er dir Gutes getan hat: +
Eine(r):	der dir alle deine Sünden vergibt / und heilet alle deine Gebrechen, +
Alle:	der dein Leben vom Verderben erlöst, / der dich krönet mit Gnade und Barmherzigkeit. +
Eine(r):	Lobet den Herrn, alle seine Werke, an allen Orten seiner Herrschaft! / Lobe den Herrn, meine Seele! +
	KEHRVERS
Eine(r):	Wohl dem, dessen Hilfe der Gott Jakobs ist, der seine Hoffnung setzt auf den Herrn, seinen Gott, +
Alle:	der Himmel und Erde gemacht hat, / das Meer und alles, was darinnen ist; +
Eine(r):	der Recht schafft denen, die Gewalt leiden, der die Hungrigen speiset. +
	KEHRVERS

Eine(r):	Der Herr macht die Gefangenen frei. /
	Der Herr macht die Blinden sehend. +
Alle:	Der Herr richtet auf, die niedergeschlagen sind. /
	Der Herr behütet die Fremdlinge und erhält
	Waisen und Witwen. +
Eine(r):	Der Herr ist König ewiglich, / dein Gott, Zion,
	für und für. +

aus Psalm 103 / Psalm 146

Text: Arrow Smith
Musik: Stefan Vesper
Quelle: Rede des Indianerhäuptlings Seattle
aus: Für heute und morgen, Liederbuch 1, 1981
© tvd-Verlag, Düsseldorf

„Das Reich Gottes ist wie ein Sauerteig„

aus dem Misereor-Hungertuch
„Biblische Frauengestalten – Wegweiser zum Reich Gottes"
von Lucy D'Souza
© 1990, Misereor-Vertriebsgesellschaft mbH, Aachen

GOTT GAB UNS ATEM

1. Gott gab uns A-tem, da-mit wir le-ben. Er gab uns Au-gen, daß wir uns sehn. Gott hat uns die-se Er-de ge-ge-ben, daß wir auf ihr die Zeit be-stehn. Gott hat uns die-se Er-de ge-ge-ben, daß wir auf ihr die Zeit be-stehn.

2. Gott gab uns Ohren, damit wir hören.
   Er gab uns Worte, daß wir verstehn.
   Gott will nicht diese Erde zerstören.
   Er schuf sie gut, er schuf sie schön.
   Gott will nicht diese Erde zerstören.
   Er schuf sie gut, er schuf sie schön.

3. Gott gab uns Hände, damit wir handeln.
   Er gab uns Füße, daß wir fest stehn.
   Gott will mit uns die Erde verwandeln.
   Wir können neu ins Leben gehn.
   Gott will mit uns die Erde verwandeln.
   Wir können neu ins Leben gehn.

Text: Eckart Bücken
Musik: Fritz Baltruweit

aus: Es sind doch deine Kinder, 1983
Textrechte: Strube Verlag, München
Musikrechte: tvd-Verlag, Düsseldorf

EHRFURCHT VOR DEM LEBEN

Die elementare, uns in jedem Augenblick unseres Daseins zum Bewußtsein kommende Tatsache ist: Ich bin Leben, das leben will, inmitten von Leben, das leben will. Das Geheimnisvolle meines Willens zum Leben ist, daß ich mich genötigt fühle, mich gegen allen Willen zum Leben, der neben dem meinen im Dasein ist, teilnahmsvoll zu verhalten. Das Wesen des Guten ist: Leben erhalten, Leben fördern, Leben auf seinen höchsten Wert bringen. Das Wesen des Bösen ist: Leben vernichten, Leben schädigen, Leben in seiner Entwicklung hemmen.

Das Grundprinzip der Ethik ist also Ehrfurcht vor dem Leben. Alles, was ich einem Lebewesen Gutes erweise, ist im letzten Grunde Hilfe, die ich ihm zur Erhaltung und Förderung seines Daseins zuteil werden lasse.

In der Hauptsache gebietet die Ehrfurcht vor dem Leben dasselbe wie der ethische Grundsatz der Liebe. Nur trägt die Ehrfurcht vor dem Leben die Begründung des Gebotes der Liebe in sich und verlangt Mitleid mit aller Kreatur.

Albert Schweitzer

WAS IST DER MENSCH

KEHRVERS: „Jeder Teil dieser Erde" (s. S. 200)

Eine(r): Herr, unser Herrscher, wie herrlich ist dein
Name in allen Landen, /
der du zeigst deine Hoheit am Himmel! +

Alle: Wenn ich sehe die Himmel, deiner Finger Werk, /
den Mond und die Sterne, die du bereitet hast: +

Eine(r): was ist der Mensch, daß du seiner gedenkst, /
und des Menschen Kind, daß du dich seiner
annimmst? +

Alle: Du hast ihn wenig niedriger gemacht als Gott, /
mit Ehre und Herrlichkeit hast du ihn gekrönt. +

Eine(r): Du hast ihn zum Herrn gemacht über deiner Hände
Werk, /
alles hast du unter seine Füße getan: +

Alle: Schafe und Rinder allzumal, /
dazu auch die wilden Tiere, +

Eine(r): die Vögel unter dem Himmel und die Fische im
Meer /
und alles, was die Meere durchzieht. +

Alle: Herr, unser Herrscher, /
wie herrlich ist dein Name in allen Landen!

KEHRVERS

aus Psalm 8

Matthäus Merian   Schöpfung

VERGIFTET

In der „Badischen Zeitung" vom 3. September 1956 liest Reinhold Schneider von der weit überhöhten Radioaktivität im Gebiet um Freiburg, verursacht durch Atombombenversuche. In seiner Düsseldorfer Rede „Der Friede der Welt" vom 27. September 1956 sagt Reinhold Schneider, dazu u. a.:

Während „der Bauer im hohen Schwarzwald nach hartem Arbeitstag schläft, werden seine Weide, die schmale Gartenerde, sein Vieh, sein Wasser vergiftet und er doch mutmaßlich auch, und am andern Morgen, in Gestalt von Milch und Honig, fährt er den Tod in die Stadt. Der Krieg ist also schon da, nur daß er ein wenig langsam und im verborgenen arbeitet, dafür aber vermutlich auf Generationen. Er hat an Raffinesse gewonnen und legt es vorläufig auf die Keimzellen und die Gehirne an. Was soll man aber von einer Generation halten, die es nicht fertigbringt, den Kindern reine Milch zu bieten?"

aus: Reinhold Schneider, Gesammelte Werke in zehn Bänden.
© Insel Verlag Frankfurt am Main 1980
„Der Krieg ist längst da"

Reinhold Schneider

DIE ERDE IST DES HERRN

1. Die Er-de ist des Herrn. Ge-lie-hen ist der Stern, auf dem wir le-ben. Drum sei zum Dienst be-reit, ge-stun-det ist die Zeit, die uns ge-ge-ben.

2. Gebrauche deine Kraft. Denn wer was Neues schafft, der läßt uns hoffen. Vertraue auf den Geist, der in die Zukunft weist. Gott hält sie offen.

3. Geh auf den andern zu. Zum Ich gehört ein Du, um Wir zu sagen. Leg deine Rüstung ab. Weil Gott uns Frieden gab, kannst du ihn wagen.

4. Verlier nicht die Geduld. Inmitten aller Schuld ist Gott am Werke. Denn der in Jesus Christ ein Mensch geworden ist, bleibt unsre Stärke.

Text: Jochen Rieß
Melodie: Matthias Nagel
Textrechte: beim Autor
Musikrechte: Strube Verlag, München

206

FÜR MEINE ENKEL

Ein Weiser mit Namen Choni ging einmal über Land und sah einen Mann, der einen Johannisbrotbaum pflanzte. Er blieb bei ihm stehen und sah ihm zu und fragte: „Wann wird das Bäumchen wohl Früchte tragen?" Der Mann erwiderte: „In siebzig Jahren."

Da sprach der Weise: „Du Tor! Denkst du in siebzig Jahren noch zu leben und die Früchte deiner Arbeit zu genießen? Sondern pflanze lieber einen Baum, der früher Früchte trägt, daß du dich ihrer erfreust in deinem Leben."

Der Mann aber hatte sein Werk vollendet und sah freudig darauf, und er antwortete: „Rabbi, als ich zur Welt kam, da fand ich Johannisbrotbäume und aß von ihnen, ohne daß ich sie gepflanzt hatte, denn das hatten meine Väter getan. Habe ich nun genossen, wo ich nicht gearbeitet habe, so will ich einen Baum pflanzen für meine Kinder oder Enkel, daß sie davon genießen. Wir Menschen mögen nur bestehen, wenn einer dem andern die Hand reicht. Siehe, ich bin ein einfacher Mann, aber wir haben ein Sprichwort: Gefährten oder Tod."

Jüdische Legende

von Else Schubert-Christaller
aus: „In deinen Toren Jerusalem"
© *Eugen Salzer Verlag, Heilbronn*

Hermann Wernhard *Baumgesicht*

Titelzeichnung zu: Walter Kettler,
Der Lebensbaum, © *Verlag J. Pfeiffer, München 1976*

PFLANZT DEN BAUM DER HOFFNUNG

1. Pflanzt den Baum der Hoff-nung vor un - ser Haus,
daß er sei- ne Ar-me streckt weit hi-naus. Je-den be-grüßt er, lädt dich
ein und aus. Pflanzt den Baum der Hoffnung vor un- ser Haus.

2. Pflanzt den Baum des Lebens in unsre Stadt,
   daß der graue Stein eine Farbe hat.
   Lebensraum schafft er für uns Blatt für Blatt.
   Pflanzt den Baum des Lebens in unsre Stadt.

3. Pflanzt den Baum des Friedens in unser Land,
   pflegt ihn und begreift seinen schweren Stand.
   Für alle blüht er, macht ihn weltbekannt.
   Pflanzt den Baum des Friedens in unser Land.

4. La — la — la — la ...

Text und Melodie: aus der DDR

DER NAME

Vielleicht
daß heisenberg wirklich die weltformel fand
das wird sich noch weisen

aber wann aber wann
wird die heiligung
jenes namens erscheinen
der mehr ist
als welten und formeln?

Vielleicht
daß die herren der erde
wirklich nicht nur das unrecht erstreben
das wird sich noch weisen

aber wann aber wann
wird die heiligung
jenes namens erscheinen
der die erde verwandelt
in eine sonne des rechts?

Vielleicht
daß die christen
wirklich das licht sind der welt
das wird sich noch weisen

aber wann aber wann
wird die heiligung
jenes namens erscheinen
der finsternis sprengt
mit explosionen des lichts?

Mit freundlicher Genehmigung des
Radius-Verlags, Stuttgart
entnommen aus: Kurt Marti: geduld und revolte,
die Gedichte am rand
Copyright Radius Verlag, Stuttgart 1984

BETEN NACH TSCHERNOBYL

Gott gib uns deinen Geist
der den Hochmut entlarvt
und die Sünde
beim Namen nennt

Gott gib uns deinen Geist
der unterscheiden lehrt
und Dummheit nicht
für Fortschritt hält

Gott gib uns deinen Geist
der die Gier nach Profit verurteilt
und austreibt aus unserer Welt
deiner Wohnung

Gott gib uns deinen Geist
der die Angst begrenzt
und uns Gelähmte
in Bewegung bringt

Gott gib uns deinen Geist
der Mut macht zu verzichten
wo die Not schreit
damit alle leben

Gott gib uns deinen Geist
der Augen öffnet und staunen läßt
über die Schönheit der ganzen Schöpfung
deines Tempels

Gott gib auch mir deinen Geist
wo ich sprachlos geworden bin und stumm
wo die Sehnsucht mich verzehrt
und ich nicht weiß wer
du seist und ich zu werden
bin

Michael Lipps

UM HIMMELS WILLEN

Text und Musik: Siegfried Macht

Um Him- mels- wil- len, gebt die Er- de nicht auf, der

Him- mel be-gann sei-nen ir-di-schen Lauf. Um Got-tes-wil-len habt auf das

Mensch-li-che acht; Gott ist der Mensch, der uns mensch-li-cher macht.

Aus: Siegfried Macht, Daß Frieden werde. Kleine Lieder zu großen Themen
© Don Bosco Verlag, München 1984

212

2.7 arbeiten und ruhen

ALLES HAT SEINE ZEIT

Ein jegliches hat seine Zeit, und alles Vorhaben unter dem Himmel hat
seine Stunde:

> geboren werden hat seine Zeit,
> sterben hat seine Zeit;
> pflanzen hat seine Zeit,
> ausreißen, was gepflanzt ist, hat seine Zeit;
> töten hat seine Zeit,
> heilen hat seine Zeit;
> abbrechen hat seine Zeit,
> bauen hat seine Zeit;
> weinen hat seine Zeit,
> lachen hat seine Zeit;
> klagen hat seine Zeit,
> tanzen hat seine Zeit;
> Steine wegwerfen hat seine Zeit,
> Steine sammeln hat seine Zeit;
> herzen hat seine Zeit,
> aufhören zu herzen hat seine Zeit;
> suchen hat seine Zeit,
> verlieren hat seine Zeit;
> behalten hat seine Zeit,
> wegwerfen hat seine Zeit;
> zerreißen hat seine Zeit,
> zunähen hat seine Zeit;
> schweigen hat seine Zeit,
> reden hat seine Zeit;
> lieben hat seine Zeit,
> hassen hat seine Zeit;
> Streit hat seine Zeit,
> Friede hat seine Zeit.

Ich sah die Arbeit, die Gott den Menschen gegeben hat, daß sie sich da-
mit plagen.
Er hat alles schön gemacht zu seiner Zeit, auch hat er die Ewigkeit in ihr
Herz gelegt.

Prediger Salomo (Kohelet) 3,1-8.10-11a

DER ALLZEIT TÄTIGE MANN

Es lebte ein Mann, der war ein sehr tätiger Mann und konnte es nicht übers Herz bringen, eine Minute seines wichtigen Lebens ungenützt vorüber zu lassen.

Wenn er in der Stadt war, so plante er, in welchen Badeort er reisen werde. War er im Badeort, so beschloß er einen Ausflug nach Marienruh, wo man die berühmte Aussicht hat. Saß er dann auf Marienruh, so nahm er den Fahrplan her, um nachzusehen, wie man am schnellsten wieder zurückfahren könne. Wenn er im Gasthof einen Hammelbraten verzehrte, studierte er während des Essens die Karte, was man nachher nehmen könne. Und während er den langsamen Wein des Gottes Dionysos hastig hinuntergoß, dachte er, daß bei dieser Hitze ein Glas Bier wohl besser gewesen wäre.

So hatte er niemals etwas getan, sondern immer nur ein Nächstes vorbereitet. Und als er auf dem Sterbebette lag, wunderte er sich sehr, wie leer und zwecklos doch eigentlich dieses Leben gewesen sei.

Victor Auburtin

SCHENK UNS ZEIT

Text: Rolf Krenzer
Musik: Detlev Jöcker
Rechte: Menschenkinder Verlag, 48157 Münster

aus: MC „Solange die Erde lebt"

DER HERR FREUE SICH SEINER WERKE

KEHRVERS

Ich will dem Herrn sin-gen mein Le- ben lang und mei-nen Gott

lo - ben, und mei-nen Gott lo - ben, so- lan - ge ich bin.

Eine(r):	Lobe den Herrn, meine Seele! / Herr, mein Gott, du bist sehr herrlich; +
Alle:	Du hast den Mond gemacht, das Jahr danach zu teilen; / die Sonne weiß ihren Niedergang. +
Eine(r):	Du machst Finsternis, daß es Nacht wird; / da regen sich alle wilden Tiere, +
Alle:	die jungen Löwen, die da brüllen nach Raub / und ihre Speise suchen von Gott. +
Eine(r):	Wenn aber die Sonne aufgeht, heben sie sich davon / und legen sich in ihre Höhlen. +
	KEHRVERS
Eine(r):	So geht dann der Mensch aus an seine Arbeit / und an sein Werk bis an den Abend. +
Alle:	Herr, wie sind deine Werke so groß und viel! / Du hast sie alle weise geordnet, / und die Erde ist voll deiner Güter. +
Eine(r):	Es warten alle auf dich, / daß du ihnen Speise gebest zur rechten Zeit. +
Alle:	Wenn du ihnen gibst, so sammeln sie; / wenn du deine Hand auftust, / so werden sie mit Gutem gesättigt. +
Eine(r):	Verbirgst du dein Angesicht, so erschrecken sie; / nimmst du weg ihren Odem, so vergehen sie / und werden wieder Staub. +
Alle:	Du sendest aus deinen Odem, so werden sie geschaffen, / und du machst neu die Gestalt der Erde. +
Eine(r):	Die Herrlichkeit des Herrn bleibe ewiglich, / der Herr freue sich seiner Werke! +
	KEHRVERS

Text: Psalm 104, 33
Musik: Johannes Petzold

aus: Mein Dudelsack
© *Strube Verlag GmbH, München*

216

LIEBEN UND ARBEITEN

Das wichtigste Bild aus der Bibel, das etwas über Arbeit als Fortsetzung der Schöpfung Gottes sagt, ist das Leben, das Jesus und seine Freunde geführt haben.

In den Evangelien wird erzählt, wie Jesus arbeitete. Es war Zusammenarbeit: mit Fischern, mit Landlosen, mit Frauen und anderen Armen, die ihm folgten. Was er tat, war: heilen, satt machen, lehren und predigen. Er betrieb Gemeinschaftsarbeit, heute würden wir es vielleicht „Stadtteilorganisation" nennen. Er drückte sich selber kreativ, schöpferisch aus in dem, was er tat. Er bezog sich auf die Bedürfnisse der Armen, indem er für sie da war. Der Sohn eines Zimmermanns wirkte bei Fischern und Arbeitslosen, von denen viele zu den Ärmsten gehörten. Jesus kümmerte sich um die Unterdrückten, er ging zu den Ausgestoßenen, heilte die Kranken; reagierte so auf die Notsituation in seiner Gesellschaft. Die Bedürfnisse der Gesellschaft wurden von ihm verstanden als die Bedürfnisse der Randgruppen, der Schwächsten. Diese Beziehung auf die wirklichen Bedürfnisse der Menschen — und nicht auf eine Produktion als solche — ist vielleicht die klarste Weisung, wie wir Arbeit als sinnvoll denken können. Jesus und seine Freunde verwirklichten neue, herrschaftsfreie Gemeinschaftsformen, in denen keiner Rabbi oder Meister genannt wurde.

Wird Jesu Tod als Konsequenz seines Handelns verstanden, dann wird der Versöhnungscharakter menschlicher Arbeit deutlich. Anstatt die besten Jahre unseres Lebens in sinnlosem Streben nach persönlichem Reichtum zu vertun, könnten wir ihm nachfolgen in der Einsicht, daß gute Arbeit der Weg ist, auf dem wir persönlich an Gottes weitergehender Schöpfung und an der Erlösung der Welt mitwirken.

Dorothee Sölle

lieben und arbeiten
Eine Theologie der Schöpfung
© Kreuz Verlag Stuttgart

ANEKDOTE ZUR SENKUNG DER ARBEITSMORAL

In einem Hafen an einer westlichen Küste Europas liegt ein ärmlich gekleideter Mann in seinem Fischerboot und döst. Ein schick angezogener Tourist legt eben einen neuen Farbfilm in seinen Fotoapparat, um das idyllische Bild zu fotografieren: blauer Himmel, grüne See mit friedlichen, schneeweißen Wellenkämmen, schwarzes Boot, rote Fischermütze. Klick. Noch einmal: klick, und da aller guten Dinge drei sind und sicher sicher ist, ein drittes Mal: klick. Das spröde, fast feindselige Geräusch weckt den dösenden Fischer, der sich schläfrig aufrichtet, schläfrig nach seiner Zigarettenschachtel angelt. Aber bevor er das Gesuchte gefunden, hat ihm der eifrige Tourist schon eine Schachtel vor die Nase gehalten, ihm die Zigarette nicht gerade in den Mund gesteckt, aber in die Hand gelegt, und ein viertes Klick, das des Feuerzeuges, schließt die eilfertige Höflichkeit ab. Durch jenes kaum meßbare, nie nachweisbare Zuviel an flinker Höflichkeit ist eine gereizte Verlegenheit entstanden, die der Tourist — der Landessprache mächtig — durch ein Gespräch zu überbrücken versucht.

„Sie werden heute einen guten Fang machen."
Kopfschütteln des Fischers. „Aber man hat mir gesagt, daß das Wetter günstig ist." Kopfnicken des Fischers.
„Sie werden also nicht ausfahren?"
Kopfschütteln des Fischers, steigende Nervosität des Touristen. Gewiß liegt ihm das Wohl des ärmlich gekleideten Menschen am Herzen, nagt an ihm die Trauer über die verpaßte Gelegenheit.
„Oh? Sie fühlen sich nicht wohl?"
Endlich geht der Fischer von der Zeichensprache zum wahrhaft gesprochenen Wort über.
„Ich fühle mich großartig", sagte er. „Ich habe mich nie besser gefühlt." Er steht auf, reckt sich, als wollte er demonstrieren, wie athletisch er gebaut ist. „Ich fühle mich phantastisch." Der Gesichtsausdruck des Touristen wird immer unglücklicher, er kann die Frage nicht mehr unterdrücken, die ihm sozusagen das Herz zu sprengen droht: „Aber warum fahren Sie dann nicht aus?" Die Antwort kommt prompt und knapp. „Weil ich heute morgen ausgefahren bin."
„War der Fang gut?"
„Er war so gut, daß ich nicht noch einmal auszufahren brauche, ich habe vier Hummer in meinen Körben gehabt, fast zwei Dutzend Makrelen gefangen."

218

Der Fischer, endlich erwacht, taut jetzt auf und klopft dem Touristen beruhigend auf die Schulter. Dessen besorgter Gesichtsausdruck erscheint ihm als ein Ausdruck zwar unangebrachter, doch rührender Kümmernis.

„Ich habe sogar für morgen und übermorgen genug", sagte er, um des Fremden Seele zu erleichtern. „Rauchen Sie eine von meinen?" „Ja, danke". ...

„Ich will mich ja nicht in Ihre persönlichen Angelegenheiten mischen", sagt er, „aber stellen Sie sich mal vor, Sie führen heute ein zweites, ein drittes, vielleicht sogar ein viertes Mal aus, und Sie würden drei, vier, fünf, vielleicht gar zehn Dutzend Makrelen fangen. Stellen Sie sich das mal vor!"

Der Fischer nickt.

„Sie würden", fährt der Tourist fort, „nicht nur heute, sondern morgen, übermorgen, ja an jedem günstigen Tag zwei-, dreimal, vielleicht viermal ausfahren — wissen Sie, was geschehen würde?" Der Fischer schüttelt den Kopf.

„Sie würden sich in spätestens einem Jahr einen Motor kaufen können, in zwei Jahren ein zweites Boot, in drei oder vier Jahren könnten Sie vielleicht einen kleinen Kutter haben, mit zwei Booten oder dem Kutter würden Sie natürlich viel mehr fangen — eines Tages würden Sie zwei Kutter haben, Sie würden ...", die Begeisterung verschlägt ihm für ein paar Augenblicke die Stimme, „Sie würden ein kleines Kühlhaus bauen, vielleicht eine Räucherei, später eine Marinadenfabrik, mit einem eigenen Hubschrauber rundfliegen, die Fischschwärme ausmachen und Ihren Kuttern per Funk Anweisung geben. Sie könnten die Lachsrechte erwerben, ein Fischrestaurant eröffnen, den Hummer ohne Zwischenhändler direkt nach Paris exportieren — und dann ..." — wieder verschlägt die Begeisterung dem Fremden die Sprache. Kopfschüttelnd, im tiefsten Herzen betrübt, seiner Urlaubsfreude schon fast verlustig, blickt er auf die friedlich hereinrollende Flut, in der die ungefangenen Fische munter springen. „Und dann", sagt er, aber wieder verschlägt ihm die Erregung die Sprache.

Der Fischer klopft ihm auf den Rücken wie einem Kind, das sich verschluckt hat. „Was dann?" fragt er leise.

„Dann", sagt der Fremde mit stiller Begeisterung, „dann könnten Sie beruhigt hier im Hafen sitzen, in der Sonne dösen — und auf das herrliche Meer blicken."

„Aber das tu ich ja schon jetzt", sagt der Fischer, „ich sitze beruhigt am Hafen und döse, nur Ihr Klicken hat mich dabei gestört." ...

aus: „Erzählungen 1950–1970" von Heinrich Böll
© *1972 by Verlag Kiepenheuer & Witsch Köln*   *Heinrich Böll*

VON DEN ARBEITERN IM WEINBERG

Denn das Himmelreich gleicht einem Hausherrn, der früh am Morgen ausging, um Arbeiter für seinen Weinberg einzustellen.

Und als er mit den Arbeitern einig wurde über einen Silbergroschen als Tagelohn, sandte er sie in seinen Weinberg.

Und er ging aus um die dritte Stunde und sah andere müßig auf dem Markt stehen und sprach zu ihnen: Geht ihr auch hin in den Weinberg; ich will euch geben, was recht ist.

Und sie gingen hin. Abermals ging er aus um die sechste und um die neunte Stunde und tat dasselbe.

Um die elfte Stunde aber ging er aus und fand andere und sprach zu ihnen: Was steht ihr den ganzen Tag müßig da? Sie sprachen zu ihm: Es hat uns niemand eingestellt. Er sprach zu ihnen: Geht ihr auch hin in den Weinberg.

Als es nun Abend wurde, sprach der Herr des Weinbergs zu seinem Verwalter: Ruf die Arbeiter und gib ihnen den Lohn und fang an bei den letzten bis zu den ersten.

Da kamen, die um die elfte Stunde eingestellt waren, und jeder empfing seinen Silbergroschen.

Als aber die ersten kamen, meinten sie, sie würden mehr empfangen; und auch sie empfingen ein jeder seinen Silbergroschen.
Und als sie den empfingen, murrten sie gegen den Hausherrn und sprachen: Diese letzten haben nur eine Stunde gearbeitet, doch du hast sie uns gleichgestellt, die wir des Tages Last und Hitze getragen haben.
Er antwortete aber und sagte zu einem von ihnen: Mein Freund, ich tu dir nicht Unrecht. Bist du nicht mit mir einig geworden über einen Silbergroschen?

Nimm, was dein ist, und geh! Ich will aber diesem letzten dasselbe geben wie dir.

Oder habe ich nicht Macht zu tun, was ich will, mit dem, was mein ist? Siehst du scheel drein, weil ich so gütig bin?

Matthäus 20,1-15

220

Gräfin Wiesolowski
Michael lehrt die Menschen die Kunst des Säens, um 1960

SABBAT

Mama verläßt als letzte den Laden. Sie sieht nach, ob alles gut verschlossen ist. Jetzt höre ich ihre kleinen Schritte. Sie schließt die eiserne Hintertür ab. Jetzt raschelt ihr Kleid. Jetzt kommt sie in ihren weichen Schuhen ins Eßzimmer. Einen Augenblick bleibt sie auf der Schwelle stehen, wie von dem weißen Tischtuch und den silbernen Leuchtern geblendet. Dann wäscht sie sich schnell Gesicht und Hände und legt den frisch gewaschenen Spitzenkragen um, den sie immer am Freitag abend trägt. Eine ganz neue Mama tritt nun zu den Leuchtern und zündet mit einem Streichholz ein Licht nach dem anderen an. Alle sieben Kerzen erglänzen. Sie beleuchten Mamas Gesicht von unten, und wie verzaubert senkt sie den Blick. Langsam, dreimal hintereinander, schließen sich ihre Hände zum Kreis um jede Flamme, als umschlinge sie ihr eigenes Herz. Mit den Kerzen schmelzen die Sorgen der Woche dahin.
Mama bedeckt ihr Gesicht mit den Händen und segnet die Lichter.
Ihre leisen, gemurmelten Segenswünsche dringen zwischen den Fingern durch und geben den gelben Flammen noch mehr Kraft. Mamas Hände leuchten im Kerzenschein wie die Gesetzestafeln in der Lade.
Ich drücke mich ganz dicht an Mama, um den segnenden Händen nahe zu sein, blicke auf, suche ihr Gesicht, möchte in ihre Augen schauen. Sie sind hinter ihren Händen verborgen.
Nun zünde ich mein eigenes kleines Licht an, halte wie die Mutter die Hände vors Gesicht und spreche ihr die Segenssprüche leise nach, murmle sie wie durch ein Gitter in mein kleines Licht.
Kaum angezündet, beginnt meine Kerze schon zu tropfen. Rasch versuche ich, ihre Tränen mit einer Hand aufzuhalten.
Ich höre Mama den einen und den anderen Namen in ihrem Gebet erwähnen — Vater, uns Kinder, ihren eigenen Vater, ihre Mutter.
Nun ist auch mein Name in die Flamme der Kerze gefallen. Mir wird ganz heiß.
„Der Allvater möge sie alle segnen!" Jetzt endlich läßt Mama die Hände sinken.
„Amen", sage ich mit erstickter Stimme hinter meinen Fingern.
„Guten Sabbat!" ruft Mama laut. Ihr Gesicht ist wie geläutert, als hätte es die Helle der Sabbatlichter in sich aufgenommen.
„Guten Sabbat!" antwortet Vater vom anderen Ende des Tisches und steht auf, um in die Synagoge zu gehen.

Bella Chagall

aus: Bella Chagall, Brennende Lichter
© 1966 by Rowohlt Verlag GmbH, Reinbek

ZUGOCHSEN FÜR ZULULAND

In vielen Teilen Afrikas hatte die mehrjährige Dürre Menschen und Tiere in große Hungersnot getrieben. Das galt auch für die ländlichen Gebiete Südafrikas, besonders für Zululand. Dort baten Kirchengemeinderäte darum, daß deutsche Hilfsorganisationen Geld geben, damit Ochsen gekauft werden können. Zugochsen sind die Voraussetzung, die Felder neu bewirtschaften zu können, jetzt wo der erste Regen einsetzte. Während der Dürre waren viele verhungert, verdurstet oder notgeschlachtet worden.

Nach der alten Pflügemethode braucht man sechs Ochsen, die vor einen Holzpflug gespannt werden. Die Kirchenältesten rechneten aber in ihrem Antrag acht Ochsen pro Gespann.

Ich war beauftragt, die Verhandlungen zu führen und reklamierte den Antrag, fragte noch einmal nach, sprach mit einigen der Ältesten. Immerhin, der Preis für zwei Ochsen liegt bei DM 1.500,--. Die Zulus konnten mein Nachfragen, meine Aufregung und Verwunderung nicht verstehen.

Natürlich braucht man sechs Ochsen um den Pflug zu ziehen, darin gaben sie mir Recht. Aber zu einem Ochsengespann, so machten sie mir klar, gehören acht Ochsen. „Die beiden zusätzlichen Ochsen sind zum Ausruhen", sagten sie.

Ich versuchte, mit ihnen zu feilschen. Sollte man nicht angesichts der Not auf die zusätzlichen Ochsen verzichten und dadurch das Geld besser einsetzen? — Ich ertappte mich dabei, wie ich, typisch westlich, herrschaftsdenkend und in wirtschaftlichen Maßstäben verhaftet, um die Krone von Gottes guter Schöpfung feilschen wollte.

Nämlich den Sabbat, den Höhepunkt der Schöpfung, mit dem uns Gott Erneuerungsphasen gegeben hat. Erholungspausen, die uns, unserer Erde und der gesamten Schöpfung gelten.

Die Zulus haben ihren Antrag verteidigt, sie haben die Ruhepausen der Ochsen wortgewaltig begründet. Liegt das daran, daß sie der Natur näher sind als ich? Daß sie mit ihrem eigenen Leben viel mehr von der Kraft und Gesundheit der Ochsen abhängig sind? — Bin ich das nicht auch? Wie lange brauche ich, bis ich erkenne: Da ist ein Zusammenhang zwischen der Umweltverschmutzung und den zunehmenden Allergieerkrankungen meiner Kinder.

Mit dem Ochsenantrag haben mir die Zulus eine Lektion erteilt. Ich bin ihnen dankbar dafür.

Karlfrieder Walz

ARBEIT

Drei Bauarbeiter waren dabei, Steine zu behauen, als ein Fremder zu ihnen trat und den ersten Arbeiter fragte:
„Was tun Sie da?"
„Sehen Sie das denn nicht?" meinte der und sah nicht einmal auf. „Ich behaue Steine!" „Und was tun Sie da?" fragte der Fremde den zweiten. Seufzend antwortete der:
„Ich muß Geld verdienen, um für meine Familie Brot zu beschaffen. Meine Familie ist groß." Der Fremde fragte auch den dritten:
„Was tun Sie da?"
Dieser blickte hinauf in die Höhe und antwortete leise und stolz: „Ich baue einen Dom!"

Manfred Frigger

aus: Zeit für mich – Zeit für Gott, 6. Aufl. 1992
© Verlag Herder, Freiburg – Basel – Wien

DU BIST DA,
WO MENSCHEN LEBEN

1. Du bist da, wo Men - schen le - ben,

du bist da, wo Le - ben ist;

du bist da, wo Men - schen le - ben,

du bist da, wo Le - ben ist.

2. Du bist da, wo Menschen hoffen, du bist da, wo Hoffnung ist; du bist da, wo Menschen hoffen, du bist da, wo Hoffnung ist.

3. Du bist da, wo Menschen lieben, du bist da, wo Liebe ist; du bist da, wo Menschen lieben, du bist da, wo Liebe ist.

4.-8. Halleluja, halleluja ...

Text und Musik: Detlev Jöcker

Aus MC und Liedheft:
Das Liederbuch zum Umhängen 1
Rechte: Menschenkinder Verlag, 48157 Münster

VERLÄSSLICH

Am nächsten Morgen kam der kleine Prinz zurück.

„Es wäre besser gewesen, du wärst zur selben Stunde wiedergekommen", sagte der Fuchs. „Wenn du zum Beispiel um vier Uhr nachmittags kommst, kann ich um drei Uhr anfangen, glücklich zu sein. Je mehr Zeit vergeht, um so glücklicher werde ich mich fühlen. Um vier Uhr werde ich mich schon aufregen und beunruhigen; ich werde erfahren, wie teuer das Glück ist. Wenn du aber irgendwann kommst, kann ich nie wissen, wann mein Herz da sein soll ... Es muß feste Bräuche geben."

„Was heißt 'fester Brauch'?" sagte der kleine Prinz.

„Auch etwas in Vergessenheit Geratenes", sagte der Fuchs.

„Es ist das, was einen Tag vom andern unterscheidet, eine Stunde von den andern Stunden. Es gibt zum Beispiel einen Brauch bei meinen Jägern. Sie tanzen am Donnerstag mit den Mädchen des Dorfes. Daher ist der Donnerstag der wunderbare Tag. Ich gehe bis zum Weinberg spazieren. Wenn die Jäger irgendwann einmal zum Tanze gingen, wären die Tage alle gleich und ich hätte niemals Ferien."

Antoine de Saint-Exupéry

aus: „Der Kleine Prinz"
© Karl Rauch KG, Düsseldorf

PAUSENLOS ZUHAUSE

MÜTTER-/VÄTER-/KINDER-ZEITEN

zuhause
jeden tag:
kinderworte
kinderschreie
kinderbrummen
kindersummen
kinderlachen
kinderweinen
wort an wort
ton an ton
laut an laut
pausenlos
wohlvertraut

pausenlos
hand in hand:
anziehen
ausziehen
vorbereiten
aufräumen
einkaufen
kochen
ordnen
saubermachen
nasen putzen
hände waschen
sein lassen

pausenlos
von mund zu mund
von ohr zu ohr
von herz zu herz:
erzählen
singen
lachen
weinen
trösten
herzen
spielen
ruhen
stille

hoffentlich
eine stille zeit
jetzt vielleicht
eine kleine weile
Gottesweile
für mich
in einer pause
zuhause
endlich
Gott sei Dank.

© Wiebke Dornauer

MANCHMAL AM TAGE

Manchmal am Tage
schließe ich mitten im Trubel die Augen;
dann will ich
Abstand gewinnen
und das Ziel wieder vor Augen sehen,
das ich mir gesetzt habe.

Manchmal am Tage
schließe ich einfach die Türe;
dann will ich
versuchen mich selbst zu finden.

Manchmal am Tage
schließe ich einfach meine Ohren;
dann möchte ich hören,
was man von mir will,
nicht lauschen,
was Wichtiges passiert;
dann will ich mich selbst hören.

Manchmal am Tage
schließe ich meinen Mund
und stelle mich stumm;
dann will ich warten,
bevor ich antworte;
dann will ich schweigen,
bevor ich widerspreche;
dann will ich bedenken,
was mich beunruhigt;
dann will ich bedenken,
was zu tun ist;
dann will ich bedenken,
wozu ich da bin.

Martin Affolderbach

3.
GESCHENKTE ZEIT WAHRNEHMEN

3. GESCHENKTE ZEIT WAHRNEHMEN

3.1 am Morgen

MEIN WEG IN DEN TAG

Der erste Schritt in den Tag
Entspannen
Ausatmen — einatmen
Sich sammeln
Hinschauen auf eine Blume
Auf ein Bild — eine Kerze
Einem Worte nachsinnen ...
Hindenken zu Menschen
Denen ich verbunden bin ...
Die Augen schließen
Schweigen
Sich öffnen
Hören
Hier bin ich vor dir, o Gott
Heilende Stille ...
Ich atme
Ich öffne die Augen
Hier bin ich
Vor mir der Weg in den Tag
Ich bin beschenkt
Ich gehe

Liese Hoefer

Zu jeder Stunde
Begleitung durch Nacht und Tag
© *Kreuz Verlag Stuttgart*

HALTE DEINE TRÄUME FEST

1. Hal- te dei- ne Träu-me fest, ler- ne sie zu le- ben. Ge- gen zu viel Si- cher- heit, ge - gen Aus- weg- lo - sig- keit : hal - te dei - ne Träu- me fest.

2. Halte deine Freiheit fest, lerne sie zu leben.
   Fürchte dich vor keinem Streit, finde zur Versöhnung Zeit:
   halte deine Freiheit fest.

3. Halte deine Liebe fest, lerne sie zu leben.
   Brich mit ihr die Einsamkeit, übe Menschenfreundlichkeit:
   halte deine Liebe fest.

Text: Eugen Eckert
Musik: Jürgen Kandziora

233

MEINE SEELE DÜRSTET NACH DIR

Eine(r):	Gott, du bist mein Gott, den ich suche. /
	Es dürstet meine Seele nach dir, +
Alle:	mein ganzer Mensch verlangt nach dir /
	aus trockenem, dürrem Land, wo kein Wasser ist. +
Eine(r):	So schaue ich aus nach dir in deinem Heiligtum, /
	wollte gerne sehen deine Macht und Herrlichkeit. +
Alle:	Denn deine Güte ist besser als Leben; /
	meine Lippen preisen dich. +
Eine(r):	So will ich dich loben mein Leben lang /
	und meine Hände in deinem Namen aufheben. +
Alle:	Das ist meines Herzens Freude und Wonne, /
	wenn ich dich mit fröhlichem Munde loben kann; +
Eine(r):	wenn ich mich zu Bette lege, so denke ich an dich, /
	wenn ich wach liege, sinne ich über dich nach. +
Alle:	Denn du bist mein Helfer, /
	und unter dem Schatten deiner Flügel frohlocke ich. +
Eine(r):	Meine Seele hängt an dir; /
	deine rechte Hand hält mich. + *aus Psalm 63*

Möglicher KEHRVERS „Vom Aufgang der Sonne" (s. S. 240)

DU SCHENKST DEN JUNGEN MORGEN

1. Du schenkst den jun-gen Mor-gen / Mor - gen und rufst zum neu-en Tag / die Welt, die nacht-ver- / die Welt,die nacht-ver-bor - bor - gen in Schlaf und Träu-men lag. / gen in Schlaf und Träu - men lag.

2. Du heißt mit Herz und Händen
   nun neu nach deinem Rat
   beginnen und vollenden
   dein Werk durch unsre Tat.

3. Und wehre Schuld und Schaden,
   wo wir die Arbeit tun,
   und laß uns, Herr, aus Gnaden
   in deinem Frieden ruhn.

4. Hilf Tag um Tag aufs neue
   durch deine Hut und Wacht.
   Herr Gott, du bist der Treue,
   und dein sind Tag und Nacht.

Text: Arno Pötzsch
Melodie: Heinrich Albert

235

MORGENGEBET*

MORGENLIED   DER KEHRVERS

Al-le-lu - ja. Al-le-lu - ja, al-le-lu - ja.

Eine(r):	Herr, tue meine Lippen auf, +
Alle:	daß mein Mund deinen Ruhm verkündige. +
Eine(r):	Gott, gedenke mein nach deiner Gnade. +
Alle:	Herr, erhöre mich mit deiner treuen Hilfe.+
Eine(r):	Weise mir, Herr, deinen Weg, /
	daß ich wandle in deiner Wahrheit. +
Alle:	Erhalte mein Herz bei dem einen, /
	daß ich deinen Namen fürchte. +

KEHRVERS

Eine(r):	Die Nacht ist vergangen, /
	der Tag ist herbeigekommen. +
Alle:	Laßt uns wachsein und merken auf das, /
	was Gott uns heute schenkt. +
Eine(r):	Laßt uns Gott danken, /
	der uns bewahrt hat in dieser Nacht. +
Alle:	Laßt uns Gott loben, /
	der uns geleitet in diesen Tag. +
Eine(r):	Laßt uns Gott singen, /
	der unsere Tage vollendet. +
Alle:	Die Nacht ist vergangen, /
	der Tag ist herbeigekommen. +
Eine(r):	Laßt uns wachsein und merken auf das, /
	was Gott uns heute schenkt. +
Alle:	Lob sei dir, Gott, /
	wie gestern so auch heute /
	und allezeit. Amen.

KEHRVERS

s. auch Liturgie des Morgengebets, Anhang S. 376

BIBLISCHE LESUNG: Und nun spricht der Herr, der dich geschaffen hat, Jakob, und dich gemacht hat, Israel: Fürchte dich nicht, denn ich habe dich erlöst; ich habe dich bei deinem Namen gerufen; du bist mein! . . . weil du in meinen Augen so wert geachtet und auch herrlich bist und weil ich dich lieb habe.

Jessaja 43,1 + 4

STILLE

KEHRVERS

LUTHERS MORGENSEGEN:

Eine(r): Das walte Gott Vater, Sohn und Heiliger Geist! Amen.

Alle: Ich danke dir, mein himmlischer Vater,/ durch Jesum Christum, deinen lieben Sohn,/ daß du mich diese Nacht vor allem Schaden und Gefahr behütet hast,/ und bitte dich,/ du wollest mich diesen Tag auch behüten vor Sünden und allem Übel,/ daß dir all mein Tun und Leben gefalle. Denn ich befehle mich,/ meinen Leib und Seele und alles in deine Hände. Dein heiliger Engel sei mit mir,/ daß der böse Feind keine Macht an mir finde. Amen.

Eine(r): Vater unser im Himmel.

Alle: Geheiligt werde Dein Name./ Dein Reich komme,/ Dein Wille geschehe, wie im Himmel, so auf Erden./ Unser tägliches Brot gib uns heute. Und vergib uns unsere Schuld, wie auch wir vergeben unsern Schuldigern. Und führe uns nicht in Versuchung, sondern erlöse uns von dem Bösen. Denn Dein ist das Reich und die Kraft und die Herrlichkeit in Ewigkeit. Amen.

Eine(r): Es segne und behüte uns der allmächtige und barmherzige Gott Vater, Sohn und Heiliger Geist, Amen.

AUFERSTEHUNG

Manchmal stehen wir auf
Stehen wir zur Auferstehung auf
Mitten am Tage
Mit unserem lebendigen Haar
Mit unserer atmenden Haut.

Nur das Gewohnte ist um uns.
Keine Fata Morgana von Palmen
Mit weidenden Löwen
Und sanften Wölfen.

Die Weckuhren hören nicht auf zu ticken
Ihre Leuchtzeiger löschen nicht aus.

Und dennoch leicht
Und dennoch unverwundbar
Geordnet in geheimnisvolle Ordnung
Vorweggenommen in ein Haus aus Licht.

Marie Luise Kaschnitz

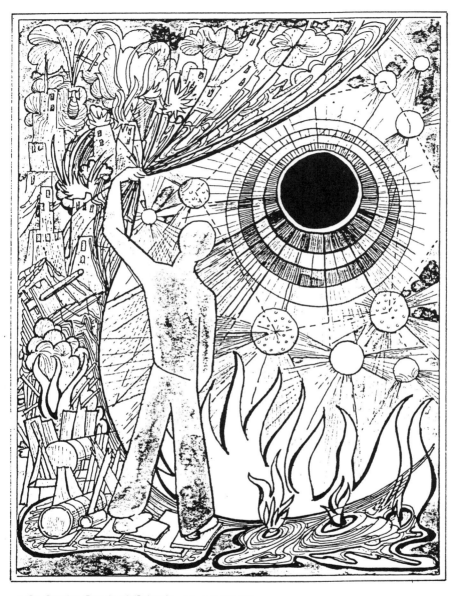

© Ge Gessler, Ottenbach/Schweiz   *Neuschöpfung*

ZWISCHEN NACHT UND TAG

Ein alter Rabbi fragte einst seine Schüler, wie man die Stunde bestimmt, in der die Nacht endet und der Tag beginnt.

Ist es, wenn man von weitem einen Hund von einem Schaf unterscheiden kann?, fragte einer der Schüler. Nein, sagte der Rabbi. Ist es, wenn man von weitem einen Dattel- von einem Feigenbaum unterscheiden kann?, fragte ein anderer. Nein, sagte der Rabbi. Aber wann ist es dann?, fragten die Schüler.

Der Rabbi antwortete: Es wird Tag, wenn du in das Gesicht irgendeines Menschen blicken kannst und in ihm deinen Bruder oder deine Schwester erkennst. Bis dahin ist die Nacht noch bei uns.

Jüdische Überlieferung

VOM AUFGANG DER SONNE

Vom Auf- gang der Son - ne bis zu ih- rem
Nie - der- gang sei ge - lo - bet der Na - me des
Herrn, sei ge - lo - bet der Na - me des Herrn.

K: Paul Ernst Ruppel
Worte: Psalm 113, 3
aus: Paul Ernst Ruppel „Kleine Fische"
© Möseler Verlag, Wolfenbüttel

AUFSTEHEN VOM SCHLAF

Die Liebe tut dem Nächsten nichts Böses. So ist nun die Liebe des Gesetzes Erfüllung.

Und das tut, weil ihr die Zeit erkennt, nämlich daß die Stunde da ist, aufzustehen vom Schlaf, denn unser Heil ist jetzt näher als zu der Zeit, da wir gläubig wurden.

Die Nacht ist vorgerückt, der Tag aber nahe herbeigekommen. So laßt uns ablegen die Werke der Finsternis und anlegen die Waffen des Lichts.

Römer 13,10-12

„Schenk dir ein Mandala"
© *Klaus Burkhardt*

SCHÖN WIE DIE SONNE

Schön,
wie die Sonne
durch die Wolken spickelt,
als sei sie
gespannt auf den Tag!

Weiß nicht recht, Gott –
Seh ich schon klar?
Bin ich noch müde?
Bin ich ganz da?

Und bin ich
neugierig auf diesen Tag?

Jung ist der Tag
und atmet deine Fülle.
Ich bin dabei.

Es gibt was zu entdecken,
es steht etwas aus!

Danke, guter Gott.

Michael Lipps

AUSSER MIR VOR FREUDE

Herr, ich wer-fe mei-ne Freu-de wie Vö-gel an den Him-mel, die Nacht ist ver-flat-tert. Ein neu-er Tag von dei-ner Lie-be, Herr, wir dan-ken dir. Ein neu-er Tag von dei-ner Lie-be, Herr, wir dan-ken dir.

Text: Fritz Pawelzik
Musik: Fritz Baltruweit

aus: Es sind doch deine Kinder, 1983
Textrechte: R. Brockhaus Verlag GmbH, Wuppertal/Zürich
Musikrechte: tvd-Verlag, Düsseldorf

243

IM AUFSTEHEN

im aufstehen
ich
lebendig
im berühren
du
da

wir
gottes zweiter gedanke
die erde
jesu weg
in bewegung
das all
heiliger geist
gestalt und körper
leib
und traum

bewegen und bewegt

Michael Lipps

3.2 tagsüber

ES GIBT DICH

es gibt
menschen
denen verdanke
ich mehr
als die routine des alltags
(die ja auch birgt)

es gibt
menschen
denen verdanke
ich mehr
als der kegel der
lampe über meinem
schreibtisch scheint
(der bringt ja auch licht)

es gibt
menschen
denen verdanke
ich mehr
als die pflichten
des kommenden
tages
(sie halten doch auch fest)

es gibt
dich ich möchte

dir

danken

Michael Lipps

GESPRÄCH MEINES HERZENS

Eine(r):   Die Himmel erzählen die Ehre Gottes, /
           und die Feste verkündigt seiner Hände Werk. +
Alle: Ein Tag sagt's dem andern, /
           und eine Nacht tut's kund der andern. +
Eine(r):   Ohne Sprache und ohne Worte; /
           unhörbar ist ihre Stimme. +
Alle: Ihr Schall geht aus in alle Lande /
           und ihr Reden bis an die Enden der Welt. +
Eine(r):   Er hat der Sonne ein Zelt am Himmel gemacht; /
           sie geht heraus wie ein Bräutigam aus seiner
           Kammer /
           und freut sich wie ein Held, zu laufen ihre Bahn. +
Alle: Sie geht auf an einem Ende des Himmels und läuft
           um bis wieder an sein Ende, /
           und nichts bleibt vor ihrer Glut verborgen. +
Eine(r):   Das Gesetz des Herrn ist vollkommen /
           und erquickt die Seele. +
Alle: Das Zeugnis des Herrn ist gewiß /
           und macht die Unverständigen weise. +
Eine(r):   Die Befehle des Herrn sind richtig /
           und erfreuen das Herz. +
Alle: Die Gebote des Herrn sind lauter /
           und erleuchten die Augen. +
Eine(r):   Die Furcht des Herrn ist rein und bleibt ewiglich. /
           Die Rechte des Herrn sind Wahrheit, allesamt gerecht. +
Alle: Sie sind köstlicher als Gold und viel feines Gold, /
           sie sind süßer als Honig und Honigseim. +
Eine(r):   Laß dir wohlgefallen die Rede meines Mundes und
           das Gespräch meines Herzens vor dir, /
           Herr, mein Fels und mein Erlöser. +

aus Psalm 19

MEINE ZEIT – IN DEINEN HÄNDEN

kühn wäre es
zur tageshälfte
zu behaupten
gott
daß meine zeit
in deinen händen steht

gefangen
halten mich termine
nachrichten
die erschrecken lassen
verworren vieles

wahrnehmen
möchte ich
gott
was an der zeit ist
was zur tagesmitte
geschlagen hat die stunde

laß meine seele
zeit gewinnen
sich öffnen
herz und hände
zur tageshälfte
neue zeit
aus deinen händen

Manfred Wahl

AM MITTAG

1. Der Tag ist sei- ner Hö- he nah. Nun blick zum Höch-sten auf, der schüt- zend auf dich nie- der- sah in je - des Ta - ges Lauf.

2 Er segnet, wenn du kommst und gehst; er segnet, was du planst. Er
weiß auch, daß du's nicht verstehst und oft nicht einmal ahnst.

3. Sein guter Schatz ist aufgetan, des Himmels ewges Reich. Zu segnen hebt er täglich an und bleibt sich immer gleich.

4. Wer sich nach seinem Namen nennt, hat er zuvor erkannt. Er segnet,
welche Schuld auch trennt, die Werke deiner Hand.

Text: Jochen Klepper
Melodie: Fritz Werner

EKG Nr. 351, Vers 1, 7, 9, 10

INNEHALTEN

Die Sonne steht über uns.
Die Höhe teilt den Tag.
Die Mitte wirft Schatten
voraus und zurück.

Christus
steht auf beiden Seiten.

Soll und Haben,
Licht und Schatten,
Abend und Morgen
stehen unter seiner Gnade.   *o. A.*

ZEITGUTSCHEINE

Es war einmal ein Mann, der sich durch nichts von seinen Mitmenschen unterschied. Wie die meisten lebte er mehr oder weniger gedankenlos vor sich hin. Eines Tages aber sprach ihn ein Unbekannter an und fragte, ob er „Zeitgutscheine" wolle.

Weil der Mann gerade nichts zu tun hatte und ohnehin eine gewisse Langeweile spürte, ließ er sich auf ein Gespräch ein und wollte wissen, was denn diese Zeitgutscheine seien. Statt einer Antwort zog der Unbekannte ein Bündel verschieden großer Scheine hervor, die wie Banknoten und doch ganz anders aussahen: „Deine Lebenszeit", erklärte der geheimnisvolle Fremde kurz. Wenn du alle Gutscheine angelegt hast, ist es Zeit zu sterben.

Bevor der überraschte Mann eine Frage stellen konnte, war der andere verschwunden. Neugierig und erstaunt blätterte der Alleingelassene in dem Bündel. Zuerst kam ihm der Gedanke, die genaue Dauer seines Lebens zu errechnen, und ihn schauderte, als er die Zahl der Jahre und Tage vor sich hatte. Dann begann er eine Einteilung zu überlegen, und machte kleine Stöße von Scheinen entsprechend seinen Absichten. Zwar wollte er für Kegelabende und Fernsehen eine große Zahl von Stunden-Scheinen bereitlegen, mußte aber zu seinem Bedauern bald feststellen, daß allein durch Essen und Schlafen eine unglaubliche Menge von vornherein gebunden war.

Tagelang war er damit beschäftigt, seine Zuwendungen an Lebenszeit immer neu zusammenzustellen, um sie bestmöglich zu nützen. Jedesmal, wenn jemand ihn dabei störte oder gar etwas von ihm wollte, sah er im Geiste einen seiner kostbaren Scheine verlorengehen und sagte nein, seine Zeit hatte er nicht zu verschenken!

So wachte er eifersüchtig und geizig über die Gutscheine. Als ihm endlich eine perfekte Widmung der Stunden, Tage und Jahre gelungen zu sein schien, war plötzlich der Unbekannte wieder da: Ob er denn von Sinnen sei, fragte er, nahm einen der Scheine, drehte ihn um und hielt ihn dem erstaunten Mann vor die Augen. Zum erstenmal entdeckte dieser einen Hinweis auf der Rückseite, daß die Zeitgutscheine in Ewigkeit umgewandelt werden können. Wer sie jedoch nicht in diesem Sinne umsetze, verspiele sein Leben.

Aber da war der Fremde auch schon wieder verschwunden und der Mann neuerlich allein mit einem erregenden Geheimnis — auf welche Weise war der begrenzte Schatz an Zeit in grenzenlose Ewigkeit zu verwandeln? ...

Pater Andreas Laun

aus: „Licht"
© Franz-Sales-Verlag, Eichstätt

VOM SCHATZ IM ACKER
UND DER KOSTBAREN PERLE

Das Himmelreich gleicht einem Schatz, verborgen im Acker, den ein Mensch fand und verbarg; und in seiner Freude ging er hin und verkaufte alles, was er hatte, und kaufte den Acker.
Wiederum gleicht das Himmelreich einem Kaufmann, der gute Perlen suchte, und als er eine kostbare Perle fand, ging er hin und verkaufte alles, was er hatte, und kaufte sie.

Matthäus 13,44-46

AUSGANG UND EINGANG

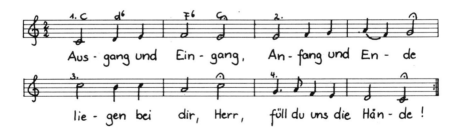

Aus - gang und Ein - gang, An - fang und En - de
lie - gen bei dir, Herr, füll du uns die Hän - de !

Text und Melodie: Joachim Schwarz
alle Rechte: Mechthild Schwarz-Verlag, Faßberg

DER AUFBRUCH

Ich befahl, mein Pferd aus dem Stall zu holen. Der Diener verstand mich nicht. Ich ging selbst in den Stall, sattelte mein Pferd und bestieg es. In der Ferne hörte ich eine Trompete blasen, ich fragte ihn, was das bedeute. Er wußte nichts und hatte nichts gehört. Beim Tore hielt er mich auf und fragte: „Wohin reitest du, Herr?" — „Ich weiß nicht", sagte ich, „nur weg von hier, immerfort weg von hier, nur so kann ich mein Ziel erreichen." — „Du hast keinen Eßvorrat mit", sagte er. „Ich brauche keinen", sagte ich, „die Reise ist so lang, daß ich verhungern muß, wenn ich auf dem Weg nichts bekomme. Kein Eßvorrat kann mich retten.
Es ist ja zum Glück eine wahrhaft ungeheure Reise."

Franz Kafka

FINDEN

Den Jünglingen, die zum erstenmal zu ihm kamen, pflegte Rabbi Bunam die Geschichte von Rabbi Eisik, Sohn Rabbi Jekels in Krakau, zu erzählen. Dem war nach Jahren schwerer Not, die sein Gottvertrauen nicht erschüttert hatten, im Traum befohlen worden, in der Stadt Prag an der Brücke, die zum Königsschloß führt, nach einem Schatz zu suchen. Als der Traum zum drittenmal wiederkehrte, machte sich Rabbi Eisik auf und wanderte nach Prag. Aber an der Brücke standen Tag und Nacht Wachtposten, und er getraute sich nicht zu graben. Doch kam er an jedem Morgen zur Brücke und umkreiste sie bis zum Abend. Endlich fragte ihn der Hauptmann der Wache, auf sein Treiben aufmerksam geworden, freundlich, ob er hier etwas suche oder auf jemand warte. Rabbi Eisik erzählte, welcher Traum ihn aus fernem Land hergeführt habe. Der Hauptmann lachte: „Und da bist du armer Kerl mit deinen zerfetzten Sohlen einem Traum zu Gefallen hergepilgert! Ja, wer den Träumen traut! Da hätte ich mich ja auch auf die Beine machen müssen, als es mir einmal im Traum befahl, nach Krakau zu wandern und in der Stube eines Juden, Eisik, Sohn Jekels sollte er heißen, unterm Ofen nach einem Schatz zu graben. Eisik, Sohn Jekels! Ich kann's mir vorstellen, wie ich drüben, wo die eine Hälfte der Juden Eisik und die andre Jekel heißt, alle Häuser aufreiße!" Und er lachte wieder. Rabbi Eisik verneigte sich, wanderte heim, grub den Schatz aus und baute das Bethaus, das Reb Eisik Reb Jekels Schul heißt.

„Merke dir diese Geschichte", pflegte Rabbi Bunam hinzuzufügen, „und nimm auf, was sie dir sagt: daß es etwas gibt, was du nirgends in der Welt, auch nicht beim Zaddik, finden kannst, und daß es doch einen Ort gibt, wo du es finden kannst."

Martin Buber

aus: Die Erzählungen der Chassidim
© *Manesse Verlag, Zürich 1949*

254

SPANNKRAFT

Der greise Apostel Johannes spielte eines Tages mit seinem zahmen Rebhuhn. Da kam ein Jäger zu ihm, der sich über solch niedrigen Zeitvertreib des angesehenen Mannes wunderte. „Wieso gibst du dich mit einem so geringfügigen Mittel der Ergötzung ab?" fragte er.

Johannes entgegnete: „Warum trägst du deinen Bogen nicht immer gespannt in deiner Hand?" „Das darf man nicht", erwiderte der Jäger, „denn sonst verlöre er an Spannkraft. Wenn ich dann einen Pfeil abschießen möchte, hat er keine Kraft mehr."

Der selige Johannes antwortete: „Junger Mann, so sollst du dich auch an der kleinen und kurzen Erholung und Entspannung meines Gemüts nicht stoßen. Denn wenn dieses sich nicht zuweilen eine solche Entspannung gönnt und seine strenge Anspannung etwas lockert, dann wird es durch die unablässige Anstrengung matt und kann der Kraft des Geistes nicht mehr Folge leisten, wo es die Notwendigkeit erfordert."

Johannes Cassian, nach Gerd Heinz-Mohr

DIE DEM HERRN VERTRAUEN

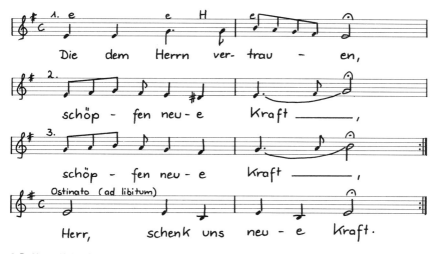

Im jüdischen Leben stellt der Kaddisch das wichtigste Gebet zur Verkündung der Erhabenheit und Heiligkeit Gottes dar. Er prägt jedes Morgen- und Abendgebet, jeden Synagogengottesdienst, jede Bestattungszeremonie und ist als Ausruf auf die Antwort der Anwesenden „Sein großer Name sei gepriesen" ausgelegt. Daher kann der Kaddisch nicht gebetet werden, wenn man alleine ist. Er hat für Juden eine ähnliche Bedeutung wie das Glaubensbekenntnis für Christen.

KADDISCH – DAS LOBGEBET

Erhoben und geheiligt werde sein großer Name in der Welt, die er nach seinem Willen erschaffen. Sein Reich erstehe in eurem Leben, in euren Tagen, im Leben des ganzen Hauses Israel schnell und in naher Zeit. Sprechet: Amen.
Sein großer Name sei gepriesen in Ewigkeit und Ewigkeit der Ewigkeiten.
Gepriesen sei, verherrlicht und erhoben, erhöht und gefeiert der Name des Heiligen, gelobt sei er, über allem Lob, Gesang und Trost, die in der Welt gesprochen werden.
Sprechet: Amen.
Nimm in Barmherzigkeit und Wohlgefallen unser Gebet an.
Der Vater im Himmel empfange das Gebet und die Bitte von ganz Israel.
Sprechet: Amen.
Fülle des Friedens und Leben möge vom Himmel uns und ganz Israel werden.
Sprechet: Amen.
Der Frieden stiftet in seinen Höhen, er stifte Frieden uns und ganz Israel.
Sprechet: Amen.

Gebetbuch

3.3 am Abend und zur Nacht

ZWISCHEN TAG UND NACHT

Zwischen Tag und Nacht, Herr,
halte ich inne,
hole Atem.
Der Tag,
der vergangen,
lebt noch einmal auf,
sagt:
Das ist dir gelungen,
da hast du gefehlt.

Soll ich aufrechnen, Herr,
Soll und Haben,
und dir vorlegen?

Zwischen Tag und Nacht, Herr,
möchte ich
nicht rechnen
noch rechten.
Diese Stunde
will ich ganz
dir gehören.

Nichts soll
zwischen uns
treten.
Ich möchte
sein können
wie ich bin,
möchte
reden können,
wie mir
ums Herz ist,
möchte
schweigen können
und dir lauschen.

Zwischen Tag und Nacht, Herr:
deine Stunde.
Amen.

Manfred Wahl

EINER WACHT

1. A - bend ward, bald kommt die Nacht, schla- schla-fen geht die Welt; denn sie weiß, es / - fen geht die Welt; denn sie weiß, es ist die Wacht ü - ber ihr be - stellt.

2. Einer wacht und trägt allein, / unsre Müh und Plag, / der läßt keinen einsam sein, / weder Nacht noch Tag.

3. Bleib und mach die Herzen still, / der die Herzen schaut: / weiß kein Herz doch, was es will, / eh sich's dir vertraut.

4. Wenn dein Aug ob meinem wacht, / wenn dein Trost mir frommt, / weiß ich, daß auf gute Nacht / guter Morgen kommt.

Text: Rudolf Alexander Schröder
Melodie und Satz: Samuel Rothenberg

aus: Lieder für den Kindergottesdienst, BA 2995

Melodierechte: Bärenreiter-Verlag, Kassel
Textrechte: Suhrkamp-Verlag, Frankfurt

259

ABENDGEBET* ABENDLIED ODER KEHRVERS

Eine(r):   Gott, gedenke mein nach deiner Gnade. +
Alle: Herr, erhöre mich mit deiner treuen Hilfe. +
Eine(r):   Das ist ein köstlich Ding, dem Herrn danken /
           und lobsingen deinem Namen, du Höchster, +
Alle: des Morgens deine Gnade /
           und des Nachts deine Wahrheit verkündigen. +

Bleib mit dei-ner Gna-de bei uns, Herr Je-su Christ! Ach

bleib mit dei-ner Gna-de bei uns, Du treu-er Gott!

Eine(r):   Der Tag ist vergangen, /
           der Abend ist herbeigekommen. +
Alle: Laßt uns still werden /
           und beten zu Gott. +
Eine(r):   Dein ist das Licht des Tages, /
           dein ist das Dunkel der Nacht. /
           Dein sind Leben und Tod. +
Alle: Dein sind auch wir, /
           wir beten dich an. +
Eine(r):   Du hast uns geschaffen, /
           und unruhig ist unser Herz, /
           bis es ruht in dir. +
Alle: Der Tag ist vergangen, /
           der Abend ist herbeigekommen. +
Eine(r):   Laßt uns still werden /
           und anbeten Gott, den Herrn. +
Alle: Dir sei Ehre, /
           wie gestern so auch heute /
           und allezeit. Amen.

KEHRVERS

*„Gesang aus Taizé" —
Musik: Jacques Berthier;
© Les Presses de Taizé
Deutsche Rechte:
Christophorus-Verlag, Freiburg

* s. auch Liturgie des Abendgebets. Anhang S. 377

BIBLISCHE LESUNG:

Denn meine Gedanken sind nicht eure Gedanken, und eure Wege sind nicht meine Wege, spricht der Herr, sondern so viel der Himmel höher ist als die Erde, so sind auch meine Wege höher als eure Wege und meine Gedanken als eure Gedanken. Denn gleichwie der Regen und Schnee vom Himmel fällt und nicht wieder dahin zurückkehrt, sondern feuchtet die Erde und macht sie fruchtbar und läßt wachsen, daß sie gibt Samen, zu säen, und Brot zu essen, so soll das Wort, das aus meinem Munde geht, auch sein: Es wird nicht wieder leer zu mir zurückkommen, sondern wird tun, was mir gefällt, und ihm wird gelingen, wozu ich es sende.

Jesaja 55,8-11

STILLE

KEHRVERS

LUTHERS ABENDSEGEN:

Eine(r): Vater unser im Himmel.

Alle: Geheiligt werde Dein Name./ Dein Reich komme./ Dein Wille geschehe, wie im Himmel, so auf Erden./ Unser tägliches Brot gib uns heute./ Und vergib uns unsere Schuld, wie auch wir vergeben unsern Schuldigern./ Und führe uns nicht in Versuchung, sondern erlöse uns von dem Bösen./ Denn Dein ist das Reich und die Kraft und die Herrlichkeit in Ewigkeit. Amen

Eine(r): Es segne und behüte uns der allmächtige und barmherzige Gott Vater, Sohn und Heiliger Geist. Amen

Eine(r): Das walte Gott Vater, Sohn und Heiliger Geist! Amen.

Alle: Ich danke dir, mein himmlischer Vater,
durch Jesum Christum, deinen lieben Sohn,
daß du mich diesen Tag gnädiglich behütet hast,
und bitte dich,
du wollest mir vergeben all meine Sünde,
wo ich Unrecht getan habe,
und mich diese Nacht auch gnädiglich behüten.
Denn ich befehle mich,
meinen Leib und Seele
und alles in deine Hände.
Dein heiliger Engel sei mit mir,
daß der böse Feind keine Macht an mir finde.
Amen.

EINE GESCHICHTE VORM SCHLAF

Gute Nacht, sagen wir uns, wenn es Zeit ist, schlafen zu gehen. Schlaf gut, sagen wir einander. Und wir wünschen uns einen guten, ruhigen, geschützten Schlaf.

Meine jüngste Tochter fragte mich einmal, als ich zu ihr kam, um ihr Gute Nacht zu wünschen – es ist schon eine Weile her: Wo bin ich eigentlich, wenn ich schlafe?

Ganz bei dir, antwortete ich, ein wenig zögernd.

Sie lachte: Aber nein, Papa. Ich weiß da doch gar nicht, wo ich bin. Gerade weil ich schlafe. Sie hatte recht. Und ich wollte mit meiner Antwort noch genauer sein: Ganz in dir.

In mir? Sie verstand mich nicht.

Ja, du schlüpfst mit allem, was du bist, was du gedacht und erlebt hast, was du erhoffst und was du fürchtest, in dich hinein – und in den Träumen erfährst du alles von neuem und anders. In Bildern, die in dir schlummern und im Schlaf wach werden.

Das kam ihr völlig widersinnig vor: Im Schlaf wach? Das gibt's doch nicht, Papa. Ich schlafe und träume oder ich bin wach.

Kannst du dich an einen Traum erinnern? fragte ich sie.

An viele, sagte sie, plötzlich hellwach. Gestern hab ich von einem Bach geträumt. Der hatte Hochwasser, rauschte schrecklich, und ich hielt mich an einem Baum fest, weil ich Angst hatte, hineinzufallen.

In einem anderen Traum bin ich mit der Mama durch die Stadt gegangen, die war riesig, und wir beide kannten uns nicht aus, und die Mama war schon ein bißchen verzweifelt. Bis dann auf einmal der Onkel Wolfgang vor uns stand und lachte und sagte: Ich habe schon ziemlich lange auf euch gewartet.

Siehst du, Sophie, da hast du dir im Schlaf eine richtige Geschichte erzählt.

Ich mir?

Ja.

Aber ich hab doch geschlafen. Ich hab doch nichts von mir wissen können.

Alles, sagte ich. Alles, was du bist, hast du da auf einmal gewußt.

Du spinnst, Papa, sagte sie, räkelte sich und bat um einen Gute-Nacht-Kuß.

Unvermittelt setzte sie sich, von einem Einfall hochgerissen, noch einmal auf: Kann Gott auch schlafen?

Wie kommst du darauf? fragte ich überrascht. Aber ohne Antwort wollte ich sie nicht lassen.

Ich dachte an die unzähligen Schläfer rund um die Erde.

An die behüteten
an die verstörten,
an die gelassenen,
an die verlassenen,
an die kranken,
an die verfolgten,
an die gefolterten,
an die hungrigen,
an die erschöpften
und sagte, vielleicht ist es so, daß er den Schlaf mit dir und mit allen, die
schlafen, teilt. Weil du schlafend ganz in dir bist, kann es sein, daß er
ganz bei dir ist.
Ach so, murmelte sie und legte sich zur Seite.
Schlaf gut,
sagte ich: Gute Nacht.

Mit freundlicher Genehmigung des Radius-Verlags Stuttgart entnommen aus:
Peter Härtling: Die kleine Welle.
Vier Geschichten zur Schöpfungsgeschichte
© Radius-Verlag, Stuttgart 1987

RUHET VON DES TAGES MÜH

Ru - het von des Ta- ges Müh, es will A - bend
wer - den; laßt die Sorg' bis
mor - gen früh, Gott be - wacht die Er- den.

Text und Melodie: Martin Hesekiel
© Verlag Merseburger, Kassel

263

EIN TRAUM VON DIR
IN MEINER SEELE

Denn auf eine Weise redet Gott und auf eine zweite; nur beachtet man's nicht.
Im Traum, im Nachtgesicht, wenn der Schlaf auf die Menschen fällt, wenn sie schlafen auf dem Bett, da öffnet er das Ohr der Menschen und schreckt sie auf und warnt sie.

Hiob 33,14-16a

DEIN ERBARMEN

Unser Abendgebet steige auf zu dir, Gott,
und es senke sich auf uns herab dein Erbarmen.
Dein ist der Tag und dein ist die Nacht.
Laß, wenn des Tages Schein vergeht,
das Licht deiner Wahrheit uns leuchten.
Geleite uns zur Ruhe der Nacht
und dereinst zur ewigen Vollendung.
Amen.

aus der Tradition

Lithographie   aus: „Den Engeln im Werden"
gedruckt 1988 in der Staatlichen Akademie der bildenden Künste, Stuttgart,
© Gabriele Schweizer

GROSSE NOT

Herr Gott,
großes Elend ist über mich gekommen.
Meine Sorgen wollen mich erdrücken.
Ich weiß nicht ein noch aus.
Gott, sei gnädig und hilf.
Gib Kraft zu tragen, was du schickst.
Laß die Furcht nicht über mich herrschen,
sorge du väterlich für die Meinen,
für Frau und Kinder.

Barmherziger Gott,
vergib mir alles, was ich an dir
und den Menschen gesündigt habe.
Ich traue deiner Gnade
und gebe mein Leben ganz in deine Hand.
Mach du mit mir, wie es dir gefällt
und wie es gut für mich ist.
Ob ich lebe oder sterbe, ich bin bei dir,
und du bist bei mir, mein Gott.
Herr, ich warte auf dein Heil
und auf dein Reich.

Amen.

Dietrich Bonhoeffer

ICH LIEGE, HERR IN DEINER HUT

1. Ich liege, Herr, in dei-ner Hut und schla-fe ganz mit Frie-den. Dem, der in dei-nen Ar-men ruht, ist wah-re Rast be-schie-den.
   Ich liege, Herr, in dei-ner Hut und schla-fe ganz mit Frie-den. Dem, der in dei-nen Ar-men ruht, ist wah-re Rast be-schie-den.

2. Du bist's allein, Herr, der stets wacht,
   zu helfen und zu stillen,
   wenn mich die Schatten finstrer Nacht
   mit jäher Angst erfüllen.

3. Sind nun die dunklen Stunden da,
   soll hell vor mir entstehen,
   was du, als ich den Weg nicht sah,
   zu meinem Heil ersehen.

4. Du hast die Lider mir berührt.
   Ich schlafe ohne Sorgen.
   Der mich in diese Nacht geführt,
   der leitet mich auch morgen.

Text: Jochen Klepper
Melodie: Fritz Werner

© Verlag Merseburger, Kassel

HEUT WAR EIN SCHÖNER TAG

1. Heut' war ein schö- ner Tag. Die Son- ne hat mich müd' ge- macht. Ich hab' ge- spielt, ich hab' ge- lacht. Da- rum ich dank- bar sag: Heut' war ein schö- ner Tag.

2. Wie schön ist diese Welt:
   Der dunkle Wald auf Bergeshöh,
   das stille Tal, der lichte See,
   und was mir sonst gefällt.
   Wie schön ist diese Welt.

3. Du, Herr, kennst auch das Leid,
   das eins dem andern zugefügt,
   wenn man sich haßt, verletzt, bekriegt
   in dieser Welt voll Streit.
   Du, Herr, kennst auch das Leid.

4. Laß mich das Nöt'ge tun,
   daß ich das Glück, von dem ich leb,
   an andre Menschen weitergeb.
   Die Liebe darf nicht ruhn.
   Laß mich das Nöt'ge tun.

5. Gib eine gute Nacht,
   daß jedem, der noch sorgt und weint,
   wenn er erwacht, die Sonne scheint.
   Du hast ja auf uns acht.
   Gib eine gute Nacht.

Text und Melodie: Martin Gotthard Schneider

aus: „Sieben Leben möcht ich haben"
© Christophorus-Verlag Freiburg und
Verlag Ernst Kaufmann, Lahr

FÜRBITTE ZUR NACHT

Am Abend des Tages
kommen wir vor dich, Herr,
uns auszusprechen
vor dir —
dich zu loben für das, was gelungen,
dir zu danken für Bewahrung,
dich zu bitten für die Nacht.
Dir befehlen wir alles an,
was uns beschäftigt hat:
Menschen und Fragen,
Not und Freude.

Dir, Herr,
vertrauen wir an
alles Leben
in unseren Gemeinden:
Die Jungen und die Alten,
die Gesunden und die Kranken,
die Überarbeiteten und die Arbeitslosen,
die Trauernden und die Fröhlichen,
die voller Hoffnung und die
voller Zweifel.

Laß uns zur Ruhe finden
in den Stunden der Nacht.
Laß uns einschlafen
mit guten Gedanken.
Den Schlaflosen
schicke Bilder des Friedens,
daß ihre Seele
erquickt werde.

Dir,
dem Schöpfer der Welt,
dem Hüter des Lebens
vertrauen wir uns an
für die Nacht
mit Leib und Seele.
Amen.   *Manfred Wahl*

EINSCHLAFEN

Der junge Jakob Jizschak erzählte, was er bei dem Rabbi Bunam von Lublin gelernt hat:

Wenn man mich fragen wird, was ich in Lublin gelernt hätte, werde ich doch alles andere nicht sagen können, weil es unsagbar ist, und nur das eine werd ich zur Antwort berichten, daß ich hier einschlafen gelernt habe.

Aber was heißt das? Wie geht das zu, daß ich sogleich einschlafe? Es geht so zu, daß ich mich hergebe. Wie in mütterliche Arme gebe ich mich her. All mein Widerstand fällt im Nu ab, und ich gebe mich her.

Martin Buber

SO WIE ALS KIND

Mich
ängstigt nicht
die Nacht,
der Wind
und das Geräusch
der Stadt,

solange nur
die Tür
hinaus zum Flur
und auf den Gang
zu dir

noch
eine Handbreit
offen steht
und angelehnt ist
an dein Licht.

© *Hans Günter Saul*

AUS DER RUHE DER NACHT

1. Der Tag ist am Ziel. Hän-de han-deln, Hän-de ver-wan-deln im Wel-ten-spiel. Refrain: Aus der Ru- he _____, aus der Ru- he _____, aus der Ru- he _____ der Nacht _____ wächst ein neu - er Tag, wächst ein neu - er Tag.

2. Die Liebe sieht weit.
Herzen leben, Herzen vergeben
im Fluß der Zeit.
Aus der Ruhe der Nacht
wächst ein neuer Tag.

3. Die Hoffnung hat Raum.
Sorgen fassen, Sorgen entlassen,
traue dem Traum.
Aus der Ruhe der Nacht
wächst ein neuer Tag.

4. Ein Stern zieht vorbei.
Menschen wachen, Menschen erwachen,
das Land wird frei.
Aus der Ruhe der Nacht
wächst ein neuer Tag.

5. Der Morgen wird wahr.
Worte segnen, Worte begegnen,
Zukunft ist da.
Aus der Ruhe der Nacht
wächst ein neuer Tag.

© Kreuz Verlag, Stuttgart   Text und Musik: Hans-Jürgen Hufeisen

271

ABENDGEBET FÜR JOHANNES

Tag und Nacht, dunkel und licht, Gott ist in bei-dem, ver-gißt dich nicht ——.

Tag und Nacht, dun-kel und licht, Gott ist in bei-dem, ver-gißt dich nicht.

Tag und Nacht, dun-kel und licht, Gott ist in bei-dem, ver-gißt dich nicht.

Tag und Nacht, dun-kel und licht, Gott ist in bei-dem, ver-gißt dich nicht.

Textvarianten: „. . . vergißt mich nicht", oder auch „euch/uns". Die Reihe „mich/dich/euch/uns" läßt sich auch durchsingen, entweder innerhalb des Kanons (Wechsel mit jeder Zeile) oder indem der Kanon viermal gesungen wird.

Alternativtext: „Tag wird Nacht, dunkel wird licht. Gott wohnt in beidem, verläßt mich nicht."

Text: Michael Lipps
Musik: Michael Bender

272

ICH SCHLAFE GANZ MIT FRIEDEN
KEHRVERS

Der Herr hat sei - nen En - geln ü - ber mir

be - foh - len + daß sie mich be - hü - ten auf

al - len mei - nen We - gen. Hal - le - lu - ja!

Eine(r):	Erhöre mich, wenn ich rufe, / Gott meiner Gerechtigkeit, +
Alle:	der du mich tröstest in Angst; / sei mir gnädig und erhöre mein Gebet! +
Eine(r):	Ihr Herren, wie lange soll meine Ehre geschändet werden? / Wie habt ihr das Eitle so lieb und die Lüge so gern! +
	KEHRVERS
Eine(r):	Erkennet doch, daß der Herr seine Heiligen wunderbar führt; / der Herr hört, wenn ich ihn anrufe. +
Alle:	Zürnet ihr, so sündigt nicht; / redet in eurem Herzen auf eurem Lager und seid stille. +
Eine(r):	Opfert, was recht ist, / und hoffet auf den Herrn. +
	KEHRVERS
Eine(r):	Viele sagen: „Wer wird uns Gutes sehen lassen?" / Herr, laß leuchten über uns das Licht deines Antlitzes! +
Alle:	Du erfreuest mein Herz, / ob jene auch viel Wein und Korn haben. +
Eine(r):	Ich liege und schlafe ganz mit Frieden; / denn allein, du, Herr, hilfst mir, daß ich sicher wohne. +
	KEHRVERS

aus: Lahusen, Christian
Der Herr hat seinen Engeln
Rechte bei Bärenreiter-Verlag, Kassel

Psalm 4

DER STERN

Im Sommer verbrachten die Kinder einige Tage an der Küste des Meeres. Jeden Tag spielten sie am Strand, jede Nacht guckten sie nach den Sternen, und sie kamen darauf, daß es die gleichen waren wie daheim über ihrem Haus auf dem Berg.

Aber eines Nachts war plötzlich ein neuer Stern da. Peter bemerkte ihn zuerst. Es mußte ein ganz besonderer Stern sein! Weder über dem Berg noch über dem Meeresstrand war er zu sehen gewesen. Wie Peter ihn entdeckte, trug sich so zu:

Die Kinder fuhren zu ihrem Haus zurück; zuerst mit einem Schiff, dann, als es schon Zeit zum Schlafengehen war, mit einem Eisenbahnzug. Es war schon ganz dunkel, und ringsum gab es viele, viele Menschen, die alle durcheinander redeten und viel Lärm machten. Auch der Zug machte viel Lärm, er pfiff und pustete: „Schnell, schnell, schnell!"
Und alle Leute beeilten sich.
Peter hatte im Gedränge die Mutter an der Hand gepackt und fühlte sich sicher. Nur konnte er nicht sehen, wohin es ging, denn um ihn herum standen lauter Erwachsene, und er sah vor sich nichts als Knie und Füße, Füße und Knie.
Da schaute er zum Himmel hinauf.

„Oh!" schrie er so laut, daß die Leute zu ihren Füßen hinunterblickten, um zu sehen, woher die Stimme kam. Auch die Mutter dachte, daß etwas ganz Besonderes geschehen sein müßte. Sie warf schnell einen Blick zu Peter hinunter und fragte:
„Was ist los, Peter?"
„Ich sehe einen Stern!" rief Peter mit seiner lauten, hellen Stimme. Er sah ihn durch das kleine Loch, das die großen Leute über ihm freigelassen hatten. All die vielen Menschen blieben eine Weile stehen und schauten ebenfalls zum Himmel hinauf. Und alle sahen den Stern, der wunderbar leuchtend über ihnen funkelte. Und alle waren einen Augenblick ganz still.
Und in die Stille hinein sagte Peter:
„Das ist mein Stern".

Pearl S. Buck

3.4 zu Tisch

DAS BROT

Plötzlich wachte sie auf. Es war halb drei. Sie überlegte, warum sie aufgewacht war. Ach so! In der Küche hatte jemand gegen einen Stuhl gestoßen. Sie horchte nach der Küche. Es war still. Es war zu still und als sie mit der Hand über das Bett neben sich fuhr, fand sie es leer. Das war es, was es so besonders still gemacht hatte: sein Atem fehlte. Sie stand auf und tappte durch die dunkle Wohnung zur Küche. In der Küche trafen sie sich. Die Uhr war halb drei. Sie sah etwas Weißes am Küchenschrank stehen. Sie machte Licht. Sie standen sich im Hemd gegenüber. Nachts. Um halb drei. In der Küche.
Auf dem Küchentisch stand der Brotteller. Sie sah, daß er sich Brot abgeschnitten hatte. Das Messer lag noch neben dem Teller. Und auf der Decke lagen Brotkrümel. Wenn sie abends zu Bett gingen, machte sie immer das Tischtuch sauber. Jeden Abend. Aber nun lagen Krümel auf dem Tuch. Und das Messer lag da. Sie fühlte, wie die Kälte der Fliesen langsam an ihr hochkroch. Und sie sah von dem Teller weg.
„Ich dachte, hier wär was", sagte er und sah in der Küche umher.
„Ich habe auch was gehört", antwortete sie und dabei fand sie, daß er nachts im Hemd doch schon recht alt aussah. So alt wie er war. Dreiundsechzig. Tagsüber sah er manchmal jünger aus. Aber das liegt vielleicht an den Haaren. Bei den Frauen liegt das nachts immer an den Haaren. Die machen dann auf einmal so alt.
„Du hättest Schuhe anziehen sollen. So barfuß auf den kalten Fliesen. Du erkältest dich noch." Sie sah ihn nicht an, weil sie nicht ertragen konnte, daß er log. Daß er log, nachdem sie neununddreißig Jahre verheiratet waren.
„Ich dachte, hier wäre was", sagte er noch einmal und sah wieder so sinnlos von einer Ecke in die andere, „ich hörte hier was. Da dachte ich, hier wäre was."
„Ich hab auch was gehört. Aber es war wohl nichts." Sie stellte den Teller vom Tisch und schnippte die Krümel von der Decke.
„Nein, es war wohl nichts", echote er unsicher.
Sie kam ihm zu Hilfe: „Komm man. Das war wohl draußen. Komm man zu Bett. Du erkältest dich noch. Auf den kalten Fliesen."
Er sah zum Fenster hin. „Ja, das muß wohl draußen gewesen sein. Ich dachte, es wäre hier."
Sie hob die Hand zum Lichtschalter. Ich muß das Licht jetzt ausmachen, sonst muß ich nach dem Teller sehen, dachte sie. Ich darf doch nicht nach dem Teller sehen.

276

„Komm man", sagte sie und machte das Licht aus, „das war wohl draußen. Die Dachrinne schlägt immer bei Wind gegen die Wand. Es war sicher die Dachrinne. Bei Wind klappert sie immer.

Sie tappten sich beide über den dunklen Korridor zum Schlafzimmer. Ihre nackten Füße platschten auf den Fußboden.

„Wind ist ja", meinte er. „Wind war schon die ganze Nacht." Als sie im Bett lagen, sagte sie: „Ja, Wind war schon die ganze Nacht. Es war wohl die Dachrinne."

„Ja, ich dachte, es wäre in der Küche. Es war wohl die Dachrinne." Er sagte das, als ob er schon halb im Schlaf wäre.

Aber sie merkte, wie unecht seine Stimme klang, wenn er log. „Es ist kalt", sagte sie und gähnte leise, „ich krieche unter die Decke. Gute Nacht."

„Nacht", antwortete er und noch: „Ja, kalt ist es schon ganz schön."

Dann war es still. Nach vielen Minuten hörte sie, daß er leise und vorsichtig kaute. Sie atmete absichtlich tief und gleichmäßig, damit er nicht merken sollte, daß sie noch wach war. Aber sein Kauen war so regelmäßig, daß sie davon langsam einschlief.

Als er am nächsten Abend nach Hause kam, schob sie ihm vier Scheiben Brot hin. Sonst hatte er immer nur drei essen können.

„Du kannst ruhig vier essen", sagte sie und ging von der Lampe weg. „Ich kann dieses Brot nicht so recht vertragen.

Iß du man eine mehr. Ich vertrage es nicht so gut." Sie sah, wie er sich tief über den Teller beugte. Er sah nicht auf. In diesem Augenblick tat er ihr leid.

„Du kannst doch nicht nur zwei Scheiben essen", sagte er auf seinen Teller.

„Doch. Abends vertrag ich das Brot nicht gut. Iß man. Iß man."

Erst nach einer Weile setze er sich unter die Lampe an den Tisch.

Wolfgang Borchert

aus: Wolfgang Borchert, „Das Gesamtwerk"
© *1949 by Rowohlt Verlag GmbH, Hamburg*

TISCHGEBETE

Alle guten Gaben,
alles, was wir haben,
kommt, o Gott, von dir,
wir danken dir dafür.

*

Unser Brot, wo andere
Hunger leiden,
Vertrauen, wo andere
Angst ausstehen,
unsere Freunde, wo andere
einsam bleiben,
sind deine Gaben.
Hilf, Gott, das zu sehen
und diesen Segen, von dem wir leben,
dankbar anderen weiterzugeben.

*

Unser tägliches Brot gib uns heute:
Speise, die unseren Körper ernährt,
Leben, das wir teilen können,
Luft, die uns atmen läßt,
Menschen, die uns verbunden sind,
Worte, die unserem Denken
Weisung geben,
Frieden, der uns Heimat schenkt.
Wir danken dir jetzt
für das tägliche Brot.

*

Wir wollen danken für unser Brot,
wir wollen helfen in aller Not,
wir wollen schaffen, die Kraft gibst du,
wir wollen lieben, Herr hilf dazu.

*

TISCHKANONS

Dan-ket, dan-ket dem Herrn, denn er ist sehr freund-lich;
sei-ne Güt' und Wahr-heit wäh-ret e-wig-lich.

*

Was wir brau-chen, gibt uns Gott; fro-hes Herz und täg-lich Brot.

K.-H. Beuerle

© Strube Verlag GmbH, München

*

Sei un-ser Gast, Herr Je-su Christ, und seg-ne was zu
die-ser Frist durch dich be-sche-ret ist.

Text und Melodie: Lahusen, Christian

aus: Geistliche Zwiegesänge I, BA 3199
© Bärenreiter-Verlag, Kassel

DER HERR BEI ABRAHAM IN MAMRE

Und der Herr erschien ihm im Hain Mamre, während er an der Tür seines Zeltes saß, als der Tag am heißesten war.

Und als er seine Augen aufhob und sah, siehe, da standen drei Männer vor ihm. Und als er sie sah, lief er ihnen entgegen von der Tür seines Zeltes und neigte sich zur Erde und sprach: Herr, hab ich Gnade gefunden vor deinen Augen, so geh nicht an deinem Knecht vorüber.

Man soll euch ein wenig Wasser bringen, eure Füße zu waschen, und laßt euch nieder unter dem Baum.

Und ich will euch einen Bissen Brot bringen, daß ihr euer Herz labet; danach mögt ihr weiterziehen. Denn darum seid ihr bei eurem Knecht vorübergekommen. Sie sprachen: Tu, wie du gesagt hast.

Abraham eilte in das Zelt zu Sara und sprach: Eile und menge drei Maß feinstes Mehl, knete und backe Kuchen.

Er aber lief zu den Rindern und holte ein zartes gutes Kalb und gab's dem Knechte; der eilte und bereitete es zu.

Und er trug Butter und Milch auf und von dem Kalbe, das er zubereitet hatte, und setzte es ihnen vor und blieb stehen vor ihnen unter dem Baum, und sie aßen.

1. Mose 18,1-8

Reinhard Herrmann   *Abraham und Sara in Mamre*

aus: Herrmann/Pokrandt „Elementarbibel . . .",
© Verlag Ernst Kaufmann, Lahr und Kösel-Verlag, München

ALLER AUGEN WARTEN AUF DICH

Aller Augen warten auf dich,
und du gibst ihnen ihre Speise zur rechten Zeit.

Du tust deine Hand auf
und sättigst alles, was lebt, nach deinem Wohlgefallen.

Psalm 145,15+16

SEGNE HERR

Seg- ne, Herr, was dei- ne Hand uns in
Gna-den zu- ge - wandt. A — — men.

K: Paul Ernst Ruppel
aus: Paul Ernst Ruppel „Kleine Fische"
© Möseler Verlag, Wolfenbüttel

Ich will den Herrn loben allezeit;
sein Lob soll immerdar in meinem Munde sein.

Als ich den Herrn suchte, antwortete er mir
und errettete mich aus aller meiner Furcht.

Schmecket und sehet, wie freundlich der Herr ist.
Wohl dem, der auf ihn trauet!

Psalm 34,2.5.9

282

3.5 im Advent

MACHET DIE TORE WEIT

Eine(r): Die Erde ist des Herrn und was darinnen ist,/ der Erdkreis und die darauf wohnen. +

Alle: Denn er hat ihn über den Meeren gegründet/ und über den Wassern bereitet. +

Eine(r): Wer darf auf des Herrn Berg gehen,/ und wer darf stehen an seiner heiligen Stätte? +

Alle: Wer unschuldige Hände hat/ und reines Herzens ist,/ wer nicht bedacht ist auf Lug und Trug/ und nicht falsche Eide schwört: +

Eine(r): der wird den Segen vom Herrn empfangen/ und Gerechtigkeit von dem Gott seines Heiles. +

Alle: Das ist das Geschlecht, das nach ihm fragt,/ das da sucht dein Antlitz, Gott Jakobs. +

Eine(r): Machet die Tore weit und die Türen in der Welt hoch,/ daß der König der Ehre einziehe! +

Alle: Wer ist der König der Ehre?/ Es ist der Herr, stark und mächtig, der Herr, mächtig im Streit. +

Eine(r): Machet die Tore weit und die Türen in der Welt hoch,/ daß der König der Ehre einziehe! +

Alle: Wer ist der König der Ehre?/ Es ist der Herr Zebaoth; er ist der König der Ehre.

Psalm 24

ZIONS ZUKÜNFTIGE HERRLICHKEIT

Mache dich auf, werde licht; denn dein Licht kommt, und die Herrlichkeit des Herrn geht auf über dir!

Denn siehe, Finsternis bedeckt das Erdreich und Dunkel die Völker; aber über dir geht auf der Herr, und seine Herrlichkeit erscheint über dir. Und die Heiden werden zu deinem Lichte ziehen und die Könige zum Glanz, der über dir aufgeht.

Hebe deine Augen auf und sieh umher: Diese alle sind versammelt und kommen zu dir. Deine Söhne werden von ferne kommen und deine Töchter auf dem Arme hergetragen werden.

Dann wirst du deine Lust sehen und vor Freude strahlen, und dein Herz wird erbeben und weit werden, wenn sich die Schätze der Völker am Meer zu dir kehren und der Reichtum der Völker zu dir kommt.

Deine Tore sollen stets offen stehen und weder Tag noch Nacht zugeschlossen werden, daß der Reichtum der Völker zu dir gebracht und ihre Könige herzugeführt werden.

Jesaja 60,1-5.11

MACHE DICH AUF

Ma-che dich auf und wer-de licht. Ma-che dich auf und wer-de licht.

Ma-che dich auf und wer-de licht, denn dein Licht kommt.

Text und Melodie:
Jesus-Bruderschaft, Gnadenthal; aus Mosaik 1–4

Text und Melodie: Kommunität Gnadenthal

© *Präsenz-Verlag Gnadenthal, D-65597 Hünfelden.*

IN EINEM ANDEREN LICHT

Menschen
die aus der Hoffnung leben
sehen weiter

Menschen
die aus der Liebe leben
sehen tiefer

Menschen
die aus dem Glauben leben
sehen alles
in einem anderen Licht

Lothar Zenetti

Lothar Zenetti in: Texte der Zuversicht
© Pfeiffer-Verlag, München

Wiltraud Jasper: Lobpreis der Wächter Zions

ANDEUTUNG

der kahle strauch
die spur im schnee
das wunderblatt
im grünen klee
sie deuten an
sie deuten an
daß doch noch
etwas
kommen kann

die stille nacht
das liebespaar
das mädchen
mit dem stroh
im haar
sie deuten an
sie deuten an
daß doch noch
etwas
kommen kann

der mann der träumt
die schwangere frau
die dürre zeit
der morgentau
sie deuten an
sie deuten an
daß doch noch
etwas
kommen kann

das licht im haus
die offne tür
der tisch gedeckt
ein platz
bleibt leer
das deutet an
das deutet an
daß doch noch
einer
kommen kann

Der kahle Strauch
aus: Wilhelm Willms,
meine schritte kreisen um die mitte.
neues lied im alten land
© *Verlag Butzon & Bercker,*
Kevelaer 1984, S. 83 f.

Wilhelm Willms

288

DER GRÜNE ZWEIG

Der grü-ne Zweig in un-se-rer Hand, der grü-ne Zweig in un-se-rem Land, wer
weiß denn von euch Leu-ten, den grü-nen Zweig zu deu-ten? Der

grü-ne Zweig in un-se-rer Hand, der grü-ne Zweig in un-se-rem Land, wer
weiß denn von euch Leu-ten, den grü-nen Zweig zu deu-ten? Der

Text: W. Willms
Musik: P. Janssens

aus: Der Grüne Zweig, 1980
© Peter Janssens Musik Verlag,
Telgte-Westfalen

MAGNIFICAT

Eine(r): Meine Seele erhebt den Herrn,/ und mein Geist freut sich Gottes meines Heilandes; +

Alle: denn er hat die Niedrigkeit seiner Magd angesehen./ Siehe, von nun an werden mich selig preisen alle Kindeskinder. +

Eine(r): Denn er hat große Dinge an mir getan,/ der da mächtig ist und dessen Name heilig ist. +

Alle: Und seine Barmherzigkeit währt von Geschlecht zu Geschlecht/ bei denen, die ihn fürchten. +

Eine(r): Er übt Gewalt mit seinem Arm/ und zerstreut, die hoffärtig sind in ihres Herzens Sinn. +

Alle: Er stößt die Gewaltigen vom Thron/ und erhebt die Niedrigen. +

Eine(r): Die Hungrigen füllt er mit Gütern/ und läßt die Reichen leer ausgehen. +

Alle: Er gedenkt der Barmherzigkeit/ und hilft seinem Diener Israel auf, +

Eine(r): wie er geredet hat zu unsern Vätern,/ Abraham und seinen Kindern in Ewigkeit. +

Der Lobgesang der Maria in Lukas 1,46b–55

EINE WANDERNDE ARAMÄERIN WAR MEINE MUTTER

Eine wandernde Aramäerin war meine Mutter.
In Ägypten hat sie Sklaven geboren.
Dann rief sie den Gott unserer Mütter an.
Sarah, Hagar, Rebekka, Rahel, Lea,
Gelobt sei Gott, der uns hört, immer und immer.

Eine Kriegerin, Richterin und Hure war meine Mutter.
Gott bediente sich ihrer von Zeit zu Zeit.
Sie gab, was sie konnte, und war willig
Rahab, Jael, Debora, Judith,
Gelobt sei Gott, der sich unserer bedient, immer und immer.

Eine galiläische Jungfrau war meine Mutter.
Sie trug unser Leben und unsere Hoffnung.
Und ein Schwert durchbohrte auch ihre Seele.
Maria, gesegnet unter den Frauen, Mutter Gottes,
Gelobt sei Gott, der liebt, immer und immer.

Eine Zeugin von Christi Auferstehung war meine Mutter.
Sie sagte, was die Engel ihr gesagt hatten.
Die Apostel hielten es für leeres Geschwätz.
Maria, Maria Magdalena, Johanna, Frauen bei ihnen,
Gelobt sei Gott, der lebt, immer und immer.

Eine gläubige Christin war meine Mutter.
Eine Mystikerin, Märtyrerin, Heilige.
Auf daß wir mit ihr in allen Generationen
Julia, Perpetua, Klara, Hilda
Gott loben, der uns geschaffen hat,
Gott, der uns errettet hat,
Gott, der uns alle erhält, immer und immer.

aus: Wir sind keine Fremdlinge mehr;
Evangelisches Missionswerk, Hamburg 1987

JAKOB WARTET AUF WEIHNACHTEN

Die Mutter zündet die erste Kerze auf dem Adventskranz an. Jakob schaut in den Kerzenschein.

„Warum muß man so lange auf das Christkind warten?" fragte er. „Vier große Kerzen lang?"

„Auf etwas Schönes muß man meistens warten", sagt die Mutter. „Etwas Schönes braucht Zeit zum Wachsen. Zum Beispiel, bis ein Kind geboren wird. Damals haben die Menschen lange Zeit auf die Geburt des Christkinds gewartet.

Wann kommt es denn endlich? haben sie gefragt. Auch die Mutter Maria hat viele Monate lang gewartet, bis sie das Christkind zur Welt bringen konnte."

„Hast du auf mich auch so lang warten müssen?" fragt Jakob.

„Ja freilich", sagt die Mutter.

„Dafür war ich dann schön, und du hast dich gefreut", sagt Jakob.

„Sehr gefreut", sagt die Mutter.

Jakob schaut wieder in den Kerzenschein.

„Miteinander warten ist nicht so arg", sagt er.

Lene Mayer-Skumanz

aus: Das Kindernest, 9. Aufl. 1992
© Verlag Herder, Freiburg – Basel – Wien

WIR SAGEN EUCH AN

1. Wir sagen euch an den lieben Advent. / Wir sagen euch an eine heilige Zeit. / Sehet, die erste Kerze brennt. / Machet dem Herrn die Wege bereit.

Refrain: Freut euch, ihr Christen, freuet euch sehr! Schon ist nahe der Herr.

2. Wir sagen euch an den lieben Advent. / Sehet, die zweite Kerze brennt. / So nehmet euch eins um das andere an, / wie auch der Herr an uns getan.

3. Wir sagen euch an den lieben Advent. Sehet, die dritte Kerze brennt. / Nun tragt eurer Güte hellen Schein / weit in die dunkle Welt hinein.

4. Wir sagen euch an den lieben Advent. / Sehet, die vierte Kerze brennt. / Gott selber wird kommen, er zögert nicht. / Auf, auf, ihr Herzen, und werdet licht.

Text: Maria Ferschl
Melodie: Heinrich Rohr   © *Christophorus-Verlag, Freiburg*

IM ADVENT

alles in mir
ist sehnen
nach dir

alles in mir
erinnert sich
deiner

alles in mir
sucht
dich

alles in mir wartet

in dir versinken
aus dir erstehn

wenn du
in deinen armen
dich um mich legst

morgen

Michael Lipps

294

3.6 an Weihnachten

DENN ER KOMMT

KEHRVERS I

Ma- gni-fi- cat, ma- gni-fi- cat, ma-gni-fi-cat a-ni-ma me-a Do-mi-num.

Ma-gni-fi- cat, ma-gni-fi- cat, ma-gni-fi-cat a-ni-ma me- a !

„Gesang aus Taizé" - Musik: Jacques Berthier;
© Les Presses de Taizé
Deutsche Rechte: Christophorus-Verlag, Freiburg

Eine(r):	Ihr Völker, bringet dar dem Herrn, / bringet dar dem Herrn Ehre und Macht! +
Alle:	Bringet dar dem Herrn die Ehre seines Namens, / bringet Geschenke und kommt in seine Vorhöfe! +
Eine(r):	Betet an den Herrn in heiligem Schmuck; / es fürchte ihn alle Welt! +
Alle:	Sagt unter den Heiden: / Der Herr ist König. +
Eine(r):	Er hat den Erdkreis gegründet, daß er nicht wankt. / Er richtet die Völker recht. +
	KEHRVERS
Eine(r):	Der Himmel freue sich, und die Erde sei fröhlich, / das Meer brause und was darinnen ist; +
Alle:	das Feld sei fröhlich und alles, was darauf ist; / es sollen jauchzen alle Bäume im Walde vor dem Herrn: / denn er kommt, +
Eine(r):	denn er kommt, zu richten das Erdreich. / Er wird den Erdkreis richten mit Gerechtigkeit / und die Völker mit seiner Wahrheit. +
	KEHRVERS

Psalm 96

* deutsch: Meine Seele erhebt den Herrn, Lukas 1,46a

KEHRVERS II*

Ma - gni - fi - cat, ma - gni - fi - cat

a- ni - ma me-a Do- mi- num, a- ni- ma me-a Do- mi- num.

"Gesang aus Taizé" - Musik: Jacques Berthier;
© Les Presses de Taizé
Deutsche Rechte: Christophorus-Verlag, Freiburg

* Kehrverse Seite 296 und 297 lassen sich zusammen auch achtstimmig singen

DU MACHST GROSS DIE FREUDE

Das Volk, das im Finstern wandelt, sieht ein großes Licht, und über denen, die da wohnen im finstern Lande, scheint es hell. Du weckst lauten Jubel, du machst groß die Freude. Vor dir wird man sich freuen, wie man sich freut in der Ernte, wie man fröhlich ist, wenn man Beute austeilt. Denn du hast ihr drückendes Joch, die Jochstange auf ihrer Schulter und den Stecken ihres Treibers zerbrochen wie am Tage Midians. Denn jeder Stiefel, der mit Gedröhn dahergeht, und jeder Mantel, durch Blut geschleift, wird verbrannt und vom Feuer verzehrt.

Denn uns ist ein Kind geboren, ein Sohn ist uns gegeben, und die Herrschaft ruht auf seiner Schulter; und er heißt Wunder-Rat, Gott-Held, Ewig-Vater, Friede-Fürst; auf daß seine Herrschaft groß werde und des Friedens kein Ende auf dem Thron Davids und in seinem Königreich, daß er's stärke und stütze durch Recht und Gerechtigkeit von nun an bis in Ewigkeit. Solches wird tun der Eifer des Herrn Zebaoth.

Jesaja 9, 1–6

MARIAS LOBGESANG

Refrain: Es singt in mir mein Herz zu dir, mein Gott es muß dich prei-sen!

1. Du hast auf dei-ne Magd ge-sehn. Die Völ-ker blei-ben stau-nend stehn:

Was du ge-sagt hast, ist ge-schehn an mir nach dei-nem Wil-len.

Es singt in mir mein Herz zu dir,
mein Gott, es muß dich preisen!

2. Die Stolzen fegst du weg vom Thron.
Die Reichen schleichen sich davon.
Den Armen schenkst du deinen Lohn.
Willst ihren Hunger stillen.

Es singt in mir mein Herz zu Dir
mein Gott, es muß dich preisen!

3. Dein Segenswort an Abraham
auf mich, ein armes Mädchen kam,
als Kindlein Wohnung in mir nahm,
um sich nun zu erfüllen.

Text: Silja Walter nach Lukas 1,46-55
Melodie: Hans-Peter Daub

Käthe Kollwitz: Schutzmantelmadonna

© VG Bild-Kunst, Bonn 1993

EINE WINTERGESCHICHTE

Es war einmal ein Mann. Er besaß ein Haus, einen Ochsen, eine Kuh, einen Esel und eine Schafherde. Der Junge, der die Schafe hütete, besaß einen kleinen Hund, einen Rock aus Wolle, einen Hirtenstab und eine Hirtenlampe.

Auf der Erde lag Schnee. Es war kalt, und der Junge fror. Auch der Rock aus Wolle schützte ihn nicht. „Kann ich mich in deinem Haus wärmen?" bat der Junge den Mann. „Ich kann die Wärme nicht teilen. Das Holz ist teuer", sagte der Mann und ließ den Jungen in der Kälte stehen.

Da sah der Junge einen großen Stern am Himmel. „Was ist das für ein Stern?" dachte er. Er nahm seinen Hirtenstab, seine Hirtenlampe und machte sich auf den Weg.

„Ohne den Jungen bleibe ich nicht hier", sagte der kleine Hund und folgte seinen Spuren.
„Ohne den Hund bleiben wir nicht hier", sagten die Schafe und folgten seinen Spuren.
„Ohne die Schafe bleibe ich nicht hier", sagte der Esel und folgte ihren Spuren.
„Ohne den Esel bleibe ich nicht hier", sagte die Kuh und folgte seinen Spuren.
„Ohne die Kuh bleibe ich nicht hier", sagte der Ochse und folgte ihren Spuren.

„Es ist auf einmal so still", dachte der Mann, der hinter seinem Ofen saß. Er rief nach dem Jungen, aber er bekam keine Antwort. Er ging in den Stall, aber der Stall war leer. Er schaute in den Hof hinaus, aber die Schafe waren nicht mehr da. „Der Junge ist geflohen und hat alle meine Tiere gestohlen", schrie der Mann, als er im Schnee die vielen Spuren entdeckte.

Doch kaum hatte der Mann die Verfolgung aufgenommen, fing es an zu schneien. Es schneite dicke Flocken. Sie deckten die Spuren zu. Dann erhob sich ein Sturm, kroch dem Mann unter die Kleider und biß ihn in die Haut. Bald wußte er nicht mehr, wohin er sich wenden sollte.

Der Mann versank immer tiefer im Schnee. „Ich kann nicht mehr!" stöhnte er und rief um Hilfe.

Da legte sich der Sturm. Es hörte auf zu schneien, und der Mann sah einen großen Stern am Himmel. „Was ist das für ein Stern?" dachte er.

Der Stern stand über einem Stall, mitten auf dem Feld. Durch ein kleines Fenster drang das Licht einer Hirtenlampe.

Der Mann ging darauf zu. Als er die Tür öffnete, fand er alle, die er gesucht hatte, die Schafe, den Esel, die Kuh, den Ochsen, den kleinen Hund und den Jungen.

Sie waren um eine Krippe versammelt. In der Krippe lag ein Kind. Es lächelte ihm entgegen, als ob es ihn erwartet hätte. „Ich bin gerettet", sagte der Mann und kniete neben dem Jungen vor der Krippe nieder.

Am anderen Morgen kehrten der Mann, der Junge, die Schafe, der Esel, die Kuh, der Ochse und auch der kleine Hund wieder nach Hause zurück.

Auf der Erde lag Schnee. Es war kalt.
„Komm ins Haus", sagte der Mann zu dem Jungen, „ich habe Holz genug. Wir wollen die Wärme teilen."

Max Bolliger

*aus: Eine Wintergeschichte von Max Bolliger,
Bilder von Beatrix Schären,
© 1993 Nord-Süd Verlag AG, Gossau, Zürich / Schweiz.*

BEKÜMMERTES WEIHNACHTSLIED

Wo bist du, Gott, du großer Stern,
den die Gebete nennen?
Du warst doch nah und bist so fern
und läßt dich nicht erkennen.

Die Augen nehmen dich nicht wahr,
wir gehen wie die Blinden
und suchen, wo dein Bild einst war,
und können dich nicht finden.

Wir hören deine Stimme nicht
im Lärmen der Motoren.
Laß leuchten, Herr, dein Angesicht,
sonst gehen wir verloren.

Der Himmel über uns ist leer
und nirgends Engelheere.
Wo nehmen wir den Frieden her?
Wir haben nur Gewehre.

Weiß einer noch, wo Hirten sind,
die wachen bei den Herden?
Zeig uns den Stall, zeig uns das Kind,
daß wir gerettet werden.

Lothar Zenetti

SEHT IHR UNSERN STERN

1. Seht ihr un - sern Stern dort ste-hen, hel-les Licht in dunk-ler Nacht?
   Hoff-nung auf ein neu-es Le-ben hat er in die Welt ge-bracht.

Glo - - - - - - - - - - - - - - - ri - a

in ex-cel-sis De - o. De - o !

2. Menschen ohne Haus und Habe
   atmen plötzlich wieder auf,
   denn ein Kind ist uns geboren,
   Welten ändern ihren Lauf.
   Gloria in excelsis Deo.

3. Weil wir neues Leben suchen,
   darum folgen wir dem Stern,
   sammeln Gaben, singen Lieder
   für die Menschen, für den Herrn.
   Gloria in excelsis Deo.

Text: Diethard Zils
Melodie: aus Frankreich

aus: In dieser Nacht (BE 808)
© Gustav Bosse Verlag, Regensburg

303

ERFÜLLTE ZEIT

Zeit des Augustus:
bemessene Zeit.
    Darum setzt er Termine und Fristen,
    gibt Anordnungen und Befehle,
    plant und organisiert,
    berechnet und erwägt,
    bewegt Menschen wie Figuren
    und überschlägt die Steuern:
    wie schnell zerrinnt
    die Zeit des Mächtigen!

Zeit der Maria:
beschwerliche Zeit.
    Schritt für Schritt steigt sie
    hinauf nach Bethlehem,
    zusammen mit Joseph.
    Ihre Kraft ist klein,
    ihre Glieder sind müde,
    doch in ihrem Herzen
    lebt die Hoffnung
    auf die Verheißung
    und gibt ihr die Kraft,
    vorwärts zu gehen:
    Wie köstlich ist
    die Zeit des Hoffenden!

Zeit Gottes:
erfüllte Zeit.
    Zeit des Erbarmens über den,
    der keine Zeit zum Leben findet;
    Zeit, die die Sehnsucht
    der Hoffenden stillt;
    Zeit, da seine Liebe
    sich an uns verschenkt;
    Zeit, da er sein Wort einlöst;
    Zeit, da er den einen gibt,
    der sein Bild trägt,
    und damit aller Menschen Zeit
    mit ewigem Glanz bestrahlt:
    Zeit Gottes: erfüllte Zeit.

Karl Daiber

GEHEILIGT
WERDE SEIN NAME

Ehre sei Gott in der Höhe
geheiligt werde sein Name auf Erden
Gott sei gelobt

Ich lobe dich Gott
für Maria
die sich schenkt
die mich birgt
die mich läßt

Ich lobe dich Gott
für Joseph
den Träumer
den Liebhaber des Lebens
den Mann

Ich lobe dich Gott
für Christus Jesus
der sich gibt
der mich liebt
der mich leitet

Ich lobe dich Gott
für das Licht
mit dem du
die Nacht erhellst

Gott sei gelobt
geheiligt werde sein Name
auf Erden wie im Himmel

Michael Lipps

WAS UNTER DEM WEIHNACHTSBAUM LIEGT

Von der Mutter ein Kleid aus Seide
und zum Zeichnen und Malen Kreide.
Vom Vater ein Buch mit Geschichten
von Heinzelmännchen und Wichten.
Vom Paten ein goldenes Amulett,
von Onkel Franz ein Puppenbett.
Von Tante Lina ein Paar Hosen
und ein Lebkuchen mit Rosen.

Sind wir jetzt reich oder arm?
Ist es uns kalt oder warm?
Müßte nicht noch etwas sein,
nicht groß und nicht klein,
was nicht im Schaufenster steht
und was niemand kaufen geht?
Ich frage, ich bin so frei:
Ist auch etwas vom Christkind dabei?

Max Bolliger

JESUS IST GEBOREN

Refrain: Je-sus ist ge-bo-ren in Bethlehem und über-all. Das
Wun-der, das uns menschlich macht, be-ginnt im ar-men Stall.
Je-sus ist ge-bo-ren in Bethlehem und ü-ber-all, das
Wun-der, das uns menschlich macht, beginnt im armen Stall. 1. Das
Kind wird eu-er Bru-der sein, wird eu-er Le-ben tei-len. Das
Kind wird eu-er Frie-de sein, wird euch aus Lie-be hei-len.

2. Das Kind wird euch begleiten:
   ein Freund, der weiß, was trennt,
   der alle eure Ängste sieht
   und sie beim Namen nennt.

   Jesus ist geboren...

3. Ein Mann, der Armen helfen wird,
   der Armut auf sich nimmt,
   ein Mann, der Reiche stören wird,
   der aufdeckt, was nicht stimmt.

   Jesus ist geboren...

Text: Friedrich Karl Barth
Peter Horst
Musik: Fritz Baltruweit
aus: Fällt ein Stern aus der Bahn, 1984
alle Rechte im tvd-Verlag, Düsseldorf

Akelei Repgen

HYMNUS

gott wir danken dir
der du bist ein gott
der wohnt in unverzüglichem licht
der du bist ein gott
heiliger nächte
der du bist ein ohnmächtiger gott
ein gott
der in jedem von uns ist
als keim
als geheimnisvolle mitte
gott wir danken dir
wem sollten wir sonst
danken für alles
wofür wir keinen adressaten kennen
gott wir danken dir
daß wir mensch wurden
und nicht ein anderes lebewesen
wir danken dir gott
daß du diesen stern
jesus von nazaret
über unserer nacht
aufgehen ließest
wir danken dir für diesen stern
der vor uns herzieht
der uns die richtung zeigt
wir danken dir
für dieses licht
das uns heimleuchtet
heim zu dir
heim in ein neues leben
heim zu uns selbst
um dieses sternes willen
preisen wir dich
mit allen engeln und heiligen
und mit allen menschen guten willens
und rufen voll freude
heilig ...

Wilhelm Willms

aus: Wilhelm Willms, aus der luft gegriffen.
bausteine zu gottesdiensten mit Kindern und Familien
Verlag Butzon & Bercker, Kevelaer 1984, S. 157

DIE EINE NACHT — DIE VIELEN TAGE

1. Die Wei-sen sind ge-gan-gen. Der Schall ver-klang, der Schein ver-ging; der All-tag hat in je-dem Ding nun wie-der an-ge-fan-gen.

2. Der Wanderstern verglühte;
   kein Engel spricht, kein Schäfer rennt,
   und niemand beugt sich und erkennt
   die Größe und die Güte.

3. Wie läßt sich das vereinen:
   der Stern war da, der Engel rief,
   der Schäfer mit dem Weisen lief
   und kniete vor dem Kleinen.

4. Auch die sind nicht geblieben,
   die beiden mit dem kleinen Kind.
   Ob sie schon an der Grenze sind,
   geflüchtet und vertrieben?

5. Was soll ich weiter fragen.
   Ich habe manches mitgemacht,
   wem trau ich mehr: der einen Nacht
   oder den vielen Tagen?

Text: Gerhard Valentin
Melodie: Herbert Beuerle

3.7 zur Passion

JESUS IN GETHSEMANE

Und er ging nach seiner Gewohnheit hinaus an den Ölberg. Es folgten ihm aber auch die Jünger.

Und als er dahin kam, sprach er zu ihnen. Betet, damit ihr nicht in Anfechtung fallt!

Und er riß sich von ihnen los, etwa einen Steinwurf weit, und kniete nieder, betete und sprach: Vater willst du, so nimm diesen Kelch von mir; doch nicht mein, sondern dein Wille geschehe!

Es erschien ihm aber ein Engel vom Himmel und stärkte ihn.
Und er rang mit dem Tode und betete heftiger. Und sein Schweiß wurde wie Blutstropfen, die auf die Erde fielen.

Und er stand auf von dem Gebet und kam zu seinen Jüngern und fand sie schlafend vor Traurigkeit und sprach zu ihnen: Was schlaft ihr? Steht auf und betet, damit ihr nicht in Anfechtung fallt!

Lukas 22,39-46

BLEIBET HIER

KEHRVERS

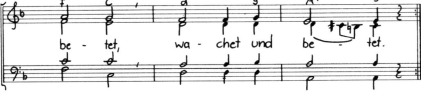

„Gesang aus Taizé" - Musik: Jacques Berthier;
© Les Presses de Taizé
Deutsche Rechte: Christophorus-Verlag, Freiburg

Sie- he, das ist Got-tes Lamm, das der Welt Sün-de trägt.

Gerhard Rosewich
aus: „Singt mit – spielt mit 2"
© *Verlag Ernst Kaufmann, Lahr*

VERLASSEN

Gott, hilf mir!
Denn das Wasser geht mir bis an die Kehle.
Ich versinke in tiefem Schlamm,
wo kein Grund ist;
ich bin in tiefe Wasser geraten,
und die Flut will mich ersäufen.
Ich habe mich müde geschrien,
mein Hals ist heiser.
Meine Augen sind trübe geworden,
weil ich so lange harren muß auf meinen Gott.
Die mich ohne Grund hassen,
sind mehr, als ich Haare auf dem Haupte habe.
Die mir zu Unrecht feind sind und mich verderben
wollen, sind mächtig.
Erhöre mich, Herr, denn deine Güte ist tröstlich;
wende dich zu mir nach deiner großen Barmherzigkeit
und verbirg dein Angesicht nicht vor deinem Knechte,
denn mir ist angst; erhöre mich eilends.

aus Psalm 69

313

PASSIONSLIED

Der den Wein austeilt,
muß Essig trinken.
Der die Hand nicht hebt zur Abwehr,
wird geschlagen.

Der den Verlassenen sucht,
wird verlassen.
Der nicht schreien macht,
schreit überlaut.

Der die Wunde heilt,
wird durchbohrt.
Der den Wurm rettet,
wird zertreten.

Der nicht verfolgt, nicht verrät,
wird ausgeliefert.
Der nicht schuld ist, der Unschuldige
wird gequält.

Der lebendig macht,
wird geschlachtet.
Der die Henker begnadigt,
stirbt gnadenlos.

Rudolf Otto Wiemer

Otto Dix

Der Hahnenschrei
©*Otto Dix Stiftung, Vaduz*

VERRATEN

als ich dich verriet
glaubte ich mich
von dir verraten

als ich dich verriet
tat ich es aus überzeugung
absichtslos und also aus liebe

als ich dich verriet
erinnerte ich verzweifelt
wege gemeinsamen hoffens

als ich dich verriet
hoffte ich es könne sich
alles zum guten ändern

doch noch
gott allein weiß

als ich dich verraten hatte
versank meine erinnerung
verlor mich die hoffnung
begrub mein glaube mich

absichtslos
und also aus liebe

verriet ich dich
um nicht mich
selbst zu verraten

rastlos seitdem suche ich
den wahren verräter demaskiere
ich den tod zum leben
dich schaue ich in meinem gesicht

Michael Lipps

VERURTEILT

zum tod
wegen mißachtung
der macht
wegen direkter rede
von gott
wegen störung
der ordnung
wegen gottesliebe
      nächstenliebe
      feindesliebe

verurteilt
zum tod
aus machtgelüsten
aus staatsräson
aus guten gründen
aus angst

verurteilt
zum tod
von politisch
verantwortlichen

von religiös
etablierten
von juristisch
geschulten
von menschen
unzugänglichen

verurteilt
zum tod
für politisch
suchende
für religiös
irritierte
für juristisch
ratlose
für menschen
gescheiterte
für mich
und
für dich

Manfred Wahl

GEKREUZIGT

Er ließ sich kreuzigen.
Das Kreuz meiner Schuld
brauche ich nicht mehr zu schleppen.
Er ließ sich kreuzigen,
daß nicht mehr gekreuzigt wird.

Er ließ sich festnageln,
spürte meinen Schmerz
bis in die Hände und Füße.
Ich bleibe nicht festgenagelt
auf die Last meiner Vergangenheit.

Er verteilte sein Leben
unter tote Menschen.
Ich kann mein Leben teilen,
mich mitteilen,
mit anderen teilen
und tun, was dem Leben dient.

Er liebte sich zu Tode,
damit die Liebe nicht stirbt.
Ein neuer Bund ist geschlossen
zwischen Gott und Mensch
und Mensch und Mensch.

Er nahm den Tod an.
Also ist der Tod
nicht bloß Untergang
und leere Sinnlosigkeit.

Er nahm die Verlassenheit an.
Also ist in meiner Verlassenheit
noch die Verheißung
seliger Nähe Gottes.

Er nahm alles an.
Also ist auch alles erlöst.

Wolfram Klein

BEGRABEN

Ich werde begraben:

> von den Erwartungen,
> mit denen andere mich zuschütten,
> sodaß ich nur noch funktioniere,
> weil ich genügen will;

> von den Ansprüchen,
> die ich an mich selbst mit Unerbittlichkeit stelle,
> sodaß ich ersticke in freudloser Atemlosigkeit,
> weil ich gefallen will;

> von Unbenennbarem,
> das ich nicht begreifen kann, das mich ängstigt
> und lähmt.

Ich begrabe:

> Hoffnungen;
> dazu gehören hohe Ziele, Sicherheiten, Bestätigung,
> Aufgehobensein, was noch ...?

> Befürchtungen;
> dazu gehören Verlassenheit, abgelehnte Gewohnheiten,
> Versagen, Lebenszweifel, was noch ...?

> Erinnerungen;
> dazu gehören kindliche Freude und Trauer, beruflicher
> Erfolg und Ärger, familiäre Gemeinschaft
> und Zwist, was noch ...?

So grabe ich in meinem Leben,
> entdecke tiefe und flache Gräben
> > und grüble darüber,

bis ich im Grabe mich selbst erkenne
> mich ausgrabe aus mancher Gebundenheit:
> > Selbstsucht, Verzagtheit und Passivität.

Schließlich Entbindung,
> ein Aufbruch ins Ungewisse;
> > trotz allem dies.

Christiane Olbrich

NUN ZIEHEN WIR DIE STRASSE

1. Nun zie - hen wir die Stra - ße, die un - ser Herr ge - gan - gen, ver - ra - ten und ge - fan - gen, ver - ra - ten und ge - fan - gen.

2. Wir hatten uns verloren,
   doch er hat uns gefunden
   und an sein Kreuz gebunden,
   und an sein Kreuz gebunden.

3. Wir ziehen seine Straße,
   er trägt das Kreuz uns allen,
   für uns ist er gefallen,
   für uns ist er gefallen.

4. Für uns hat er gelitten,
   für uns ist er erstanden
   aus Jammer, Tod und Schanden,
   aus Jammer, Tod und Schanden.

5. O Kyrie eleison,
   wir singen deinem Namen
   das Hosianna, Amen.
   Das Hosianna, Amen.

Text: Klaus Berg
Melodie: Oskar Gottlieb Blarr
aus: Oekumene heute, Mein Liederbuch 2, 1992
alle Rechte im tvd-Verlag, Düsseldorf

320

3.8 an Ostern

DAS LEERE GRAB

ein grab greift
tiefer
als die gräber
gruben

denn ungeheuer
ist der vorsprung tod

am tiefsten
greift
das grab das selbst
den tod begrub

denn ungeheuer
ist der vorsprung leben

Kurt Marti

Mit freundlicher Genehmigung des Radius-Verlags Stuttgart entnommen aus:
Kurt Marti: geduld und revolte. die gedichte am rand
© Copyright Radius-Verlag, Stuttgart 1984

DER HERR IST AUFERSTANDEN

— Kleine Osterliturgie — *

LESUNG aus dem Evangelium nach Matthäus 28,1-10

OSTERRUF

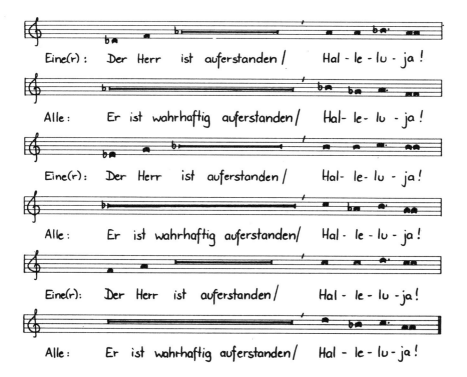

Eine(r): Der Herr ist auferstanden / Hal - le - lu - ja!

Alle: Er ist wahrhaftig auferstanden / Hal- le- lu - ja!

Eine(r): Der Herr ist auferstanden / Hal- le- lu - ja!

Alle: Er ist wahrhaftig auferstanden/ Hal - le - lu - ja!

Eine(r): Der Herr ist auferstanden / Hal - le - lu -ja!

Alle: Er ist wahrhaftig auferstanden/ Hal - le - lu -ja!

> „Wach auf, der du schläfst,
> und steh auf von den Toten,
> so wird dich Christus erleuchten."

Eph 5, 14b

LIED: Christ ist erstanden
EKG 75, s. auch S. 328f
* Michaelsbruderschaft

323

ICH WERDE NICHT STERBEN, SONDERN LEBEN

KEHRVERS

„Gesang aus Taizé"– *Musik: Jacques Berthier;*
© Les Presses de Taizé
Deutsche Rechte: Christophorus-Verlag, Freiburg

Cru-cem tu - am a-do-ra-mus Do-mi- ne, re-sur-rec-ti-o-nem
tu-am lau-da-mus Do-mi- ne. Lau-da-mus et glo-ri-fi-ca-mus
re-sur-rec-ti-o-nem tu-am lau-da-mus Do-mi-ne. Cru-cem tu- ne.

Eine(r):   Der Herr ist meine Macht und mein Psalm/
        und ist mein Heil.+

Alle: Man singt mit Freuden vom Sieg in den Hütten
        der Gerechten:/
        Die Rechte des Herrn behält den Sieg! +

Eine(r):   Ich werde nicht sterben, sondern leben/
        und des Herrn Werke verkündigen.+

        KEHRVERS

Eine(r):   Der Stein, den die Bauleute verworfen haben,/
        ist zum Eckstein geworden.+

Alle: Das ist vom Herrn geschehen/
        und ist ein Wunder vor unsern Augen.+

Eine(r):   Dies ist der Tag, den der Herr macht;/
        laßt uns freuen und fröhlich an ihm sein.+

        KEHRVERS

aus Psalm 118

* *deutsch: Dein Kreuz, Herr, beten wir an.*
        Deine Auferstehung preisen wir Herr.
        Wir preisen und verherrlichen deine Auferstehung.
        Wir preisen, Herr, dein Kreuz.

CHRISTOPHORUS

Danach über manchen Tag, da er einst in seiner Hütte ruhte, hörte er, wie eines Kindes Stimme rief: „Christophore, komm heraus und setz mich über." Er stand auf und lief hinaus, konnte aber niemanden finden; also ging er wieder in seine Hütte. Da hörte er die Stimme abermals. Er ging wieder hinaus und fand niemanden. Danach hörte er die Stimme zum dritten Male wie zuvor; und da er hinausging, fand er ein Kind am Ufer, das bat ihn gar sehr, daß er es hinübertrage. Christophorus nahm das Kind auf seine Schulter, ergriff seine Stange und ging ins Wasser. Aber siehe, das Wasser wuchs höher und höher, und das Kind ward so schwer wie Blei. Je weiter er schritt, je höher stieg das Wasser, je schwerer ward ihm das Kind auf seinen Schultern; also daß er in eine große Angst kam, und fürchtete, er müßte ertrinken. Und da er mit großer Mühe durch den Fluß war geschritten, setzte er das Kind nieder und sprach: „Du hast mich in große Fährlichkeit bracht, Kind, und bist auf meinen Schultern so schwer gewesen: hätte ich alle diese Welt auf mir gehabt, es wäre nicht schwerer gewesen." Das Kind antwortete: „Des sollst du dich nicht verwundern, Christophore; du hast nicht allein alle Welt auf deinen Schultern getragen, sondern auch den, der die Welt geschaffen hat. Denn wisse, ich bin Christus, dein König, dem du mit dieser Arbeit dienst."

„Und damit du siehst, daß ich die Wahrheit rede, so nimm deinen Stab, wann du wieder hinübergegangen bist, und stecke ihn neben deiner Hütte in die Erde; so wird er des Morgens blühen und Frucht tragen." Damit verschwand es vor seinen Augen. Christophorus aber ging hin und pflanzte seinen Stab in die Erde; und da er des Morgens aufstund, trug der Baum Blätter und Früchte als ein Palmenbaum.

aus der Legenda aurea

MARIA VON MAGDALA

Maria aber stand draußen vor dem Grab und weinte. Als sie nun weinte, schaute sie in das Grab und sieht zwei Engel in weißen Gewändern sitzen, einen zu Häupten und den andern zu den Füßen, wo sie den Leichnam Jesu hingelegt hatten.

Und die sprachen zu ihr: Frau, was weinst du? Sie spricht zu ihnen: Sie haben meinen Herrn weggenommen, und ich weiß nicht, wo sie ihn hingelegt haben.

Und als sie das sagte, wandte sie sich um und sieht Jesus stehen und weiß nicht, daß es Jesus ist.

Spricht Jesus zu ihr: Frau, was weinst du? Wen suchst du? Sie meint, es sei der Gärtner, und spricht zu ihm: Herr, hast du ihn weggetragen, so sage mir, wo du ihn hingelegt hast; dann will ich ihn holen.

Spricht Jesus zu ihr: Maria! Da wandte sie sich um und spricht zu ihm auf hebräisch: Rabbuni!, das heißt: Meister!

Spricht Jesus zu ihr: Rühre mich nicht an! Denn ich bin noch nicht aufgefahren zum Vater. Geh aber hin zu meinen Brüdern und sage ihnen: Ich fahre auf zu meinem Vater und zu eurem Vater, zu meinem Gott und zu eurem Gott.

Johannes 20, 11-17

ER LEBT

Mirjam (Maria von Magdala) nach der Begegnung mit Jesus, wie Luise Rinser erzählt:

„Dann war die Stelle, an der er gestanden hatte, leer. Aber in mir brannte es. Ich lief ein paar Schritte. Vielleicht war er zwischen den Bäumen verborgen. Aber da war nichts.
Und keine Spur im feuchten Gras. Kein Geräusch von Schritten, die sich entfernten.
Rabbi! Rabbi!
Nichts mehr.
Schulamit rief: Mit wem redest du? Wer war der Mann? Er hat dich beim Namen genannt.
So hast du's gehört? Sag: hast du's gehört?
Freilich.
Und hast du den Mann gesehen?
Ja. Dort stand er, wo du jetzt stehst.
Schulamit: das war er!
Du bist wahnsinnig geworden, Mirjam, Arme. Komm, gehen wir weg von hier.

Aber du hast ihn doch selber gehört und gesehen!
Ich habe einen Mann gesehen und eine Stimme gehört, die deinen Namen sagte, das ist alles, und mehr hast auch du nicht gesehen und nicht gehört. Komm, komm! Vielleicht wars ein Gespenst. Man sagt, daß Tote in den ersten Tagen aus dem Grab kommen und herumstreichen. Komm, ich bitte dich.

Ich bin nicht wahnsinnig, und der Mann war kein Gespenst.
Glaubs oder glaubs nicht: es war er, und er gab mir den Auftrag, allen zu sagen, daß ich ihn gesehen habe und daß er zum Galil gehe, und wir sollen ihm dorthin folgen. Sagt das ein Gespenst?
Ich ließ sie stehen und lief und lief und stürzte fast über die Schwelle von Veronikas Haus.

Ich habe ihn gesehen, er lebt, ich schwöre euch beim Ewigen: ich habe ihn gesehen, und er lebt."

Luise Rinser

aus: „Mirjam"
© *1983 S. Fischer Verlag GmbH, Frankfurt am Main*

AUFERSTEHUNG

1. Das könn-te den Her-ren der Welt ja so pas-sen, wenn erst nach dem Tode Ge-rech-tig-keit kä-me, erst dann die Herrschaft der Her-ren, erst dann die Knechtschaft der Knech-te, ver-ges-sen wä-re für im-mer, ver-ges-sen wä-re für im-mer.

I. Christ ist er-stan-den von der Mar-ter al-le; des solln wir al-le froh sein, Christ will un-ser Trost sein. Ky-ri-e-leis.

Strophen 1, 2, 3:
Titel: Anderes Osterlied
Text: K. Marti
Musik: P. Janssens

aus: Wir können nicht schweigen, 1970
© Peter Janssens Musik Verlag, Telgte-Westfalen

2. Das könnte den Herren der Welt ja so passen, wenn hier auf der Erde stets alles so bliebe, wenn hier die Herrschaft der Herren, wenn hier die Knechtschaft der Knechte so weiterginge wie immer.

II. Wär er nicht er - stan - den, so wär die Welt ver - gan - gen; seit daß er er - stan- den ist, so lobn wir den Va- ter Je - su Christ. Ky - ri - e- leis.

3. Doch ist der Befreier vom Tod auferstanden, ist schon auferstanden und ruft uns jetzt alle zur Auferstehung auf Erden, zum Aufstand gegen die Herren, die mit dem Tod uns regieren.

III. Hal - le - lu - ja, Hal - le - lu - ja Hal- le - lu - ja! Des solln wir al - le froh sein, Christ will un - ser Trost sein. Ky - ri - e - leis.

Strophen I, II, III:
EKG 75
Text: 12. Jahrhundert
Melodie: Wittenberg

329

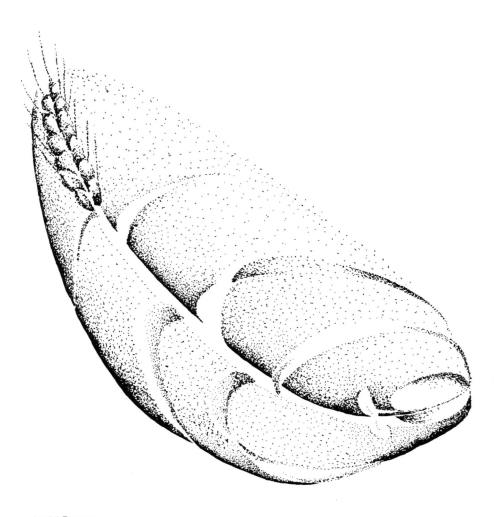

Akelei Repgen

ÖSTERLICHE PARABEL

Da war einmal ein guter Mensch. Er hatte Mitleid mit dem häßlichen Ge-
würm der Raupen, wie sie sich Stunde für Stunde vorwärts plagten, um
mühselig den Stengel zu erklettern und ihr Fressen zu suchen – keine
Ahnung von der Sonne, dem Regenbogen in den Wolken, den Liedern
der Nachtigall! Und der Mensch dachte: Wenn diese Raupen wüßten,
was da einmal sein wird! Wenn diese Raupen ahnten, was ihnen als
Schmetterling blühen wird: Sie würden ganz anders leben, froher,
zuversichtlicher, mit mehr Hoffnung. Sie würden erkennen: Das Leben
besteht nicht nur aus Fressen und der Tod ist nicht das letzte.

So dachte der gute Mensch, und er wollte ihnen sagen: Ihr werdet frei
sein! Ihr werdet eure Schwerfälligkeit verlieren!
Ihr werdet mühelos fliegen und Blüten finden! Und ihr werdet schön sein!

Aber die Raupen hörten nicht. Das Zukünftige, das Schmetterlinghafte
ließ sich in der Raupensprache einfach nicht ausdrücken. – Er
versuchte, Vergleiche zu finden: Es wird sein wie auf einem Feld voller
Möhrenkraut . . . Und sie nickten, und mit ihrem Raupenhorizont dachten sie nur ans endlose Fressen.

Nein, so ging es nicht. Und als der gute Mensch neu anfing:
Ihr Puppensarg sei nicht das letzte, sie würden sich verwandeln, über
Nacht würden ihnen Flügel wachsen, sie würden leuchten wie Gold – da
sagten sie: Hau ab! Du spinnst! Du hältst uns nur vom Fressen ab! – Und
sie rotteten sich zusammen, um ihn lächerlich zu machen.

o. A.

OSTERNACHT

Herr
unser Gott
hab Dank für diese Nacht
hab Dank für alles
was du in ihr schenkst

Dein Licht
das unsere Dunkelheit erhellt
die Hoffnung
die du gibst
und die wir feiern
in Brot und Wein
hab Dank dafür
daß unser Leben neu
werden kann

Geh mit uns
durch diese Nacht
in den neuen Tag
durch alle Nächte
und Tage unseres Lebens

Halte uns verbunden
mit dir und untereinander
auch wo wir uns trennen
auch wo wir uns verlieren

Bleibe bei uns
und bei allem
das du geschaffen hast

zu dir

Michael Lipps

Helmut Münch   Das Zeichen des Jona

ENTWURF
FÜR EIN OSTERLIED

Die Erde ist schön, und es lebt sich
leicht im Tal der Hoffnung.
Gebete werden erhört. Gott wohnt
nah hinterm Zaun.

Die Zeitung weiß keine Zeile vom
Turmbau. Das Messer
findet den Mörder nicht.
Er lacht mit Abel.

Das Gras ist unverwelklicher
grün als der Lorbeer.
Im Rohr der Rakete
nisten die Tauben.

Nicht irr surrt die Fliege an
tödlicher Scheibe. Alle
Wege sind offen. Im Atlas
fehlen die Grenzen.

Das Wort ist verstehbar. Wer
Ja sagt, mein Ja, und
Ich liebe bedeutet: jetzt und
für ewig.

Der Zorn brennt langsam. Die
Hand des Armen ist nie ohne
Brot. Geschosse werden im Flug
gestoppt.

Der Engel steht abends am Tor. Er
hat gebräuchliche Namen und
sagt, wenn ich sterbe:
Steh auf.

Rudolf Otto Wiemer

3.9 zu Pfingsten

So spricht der Herr:

„UND NACH DIESEM WILL ICH MEINEN GEIST AUSGIESSEN
ÜBER ALLES FLEISCH,
UND EURE SÖHNE UND TÖCHTER SOLLEN WEISSAGEN,
EURE ALTEN SOLLEN TRÄUME HABEN,
UND EURE JÜNGLINGE SOLLEN GESICHTE SEHEN."

Joel 3,1

KEHRVERS

Herr, er-wek-ke dei-ne Kir-che und fan-ge bei mir an.

Herr, bau dei-ne Ge-mein-de und fan-ge bei mir an.

Melodie: Chris Herbring
© *Chris Herbring Musikverlag, Neuss*

Eine(r):   Gott, sei mir gnädig nach deiner Güte, /
und tilge meine Sünden nach deiner großen
Barmherzigkeit.+

Alle: Wasche mich rein von meiner Missetat, /
und reinige mich von meiner Sünde;+

Eine(r):   denn ich erkenne meine Missetat, /
und meine Sünde ist immer vor mir.+

KEHRVERS

Eine(r):   Siehe, dir gefällt Wahrheit, die im Verborgenen liegt, /
und im Geheimen tust du mir Weisheit kund.+

Alle: Schaffe in mir, Gott, ein reines Herz, /
und gib mir einen neuen, beständigen Geist.+

Eine(r):   Verwirf mich nicht von deinem Angesicht, /
und nimm deinen heiligen Geist nicht von mir.+

Alle: Erfreue mich wieder mit deiner Hilfe, /
und mit einem willigen Geist rüste mich aus.+

Eine(r):   Herr, tu meine Lippen auf, /
daß mein Mund deinen Ruhm verkündige.

KEHRVERS   *aus Psalm 51*

DER HEILIGE GEIST
IST EIN BUNTER VOGEL

der heilige geist
er ist nicht schwarz
er ist nicht blau
er ist nicht rot
er ist nicht gelb
er ist nicht weiß

der heilige geist ist ein bunter vogel

er ist da
wo einer den andern trägt ...
der heilige geist ist da
wo die welt bunt ist
wo das denken bunt ist
wo das denken und reden und leben
gut ist
der heilige geist läßt sich nicht
einsperren
in katholische käfige
nicht in evangelische käfige
der heilige geist ist auch
kein papagei
der nachplappert
was ihm vorgekaut wird
auch keine dogmatische walze
die alles platt walzt
der heilige geist
ist spontan
er ist bunt
sehr bunt
und er duldet keine uniformen
er liebt die phantasie
er liebt das unberechenbare
er ist selbst unberechenbar

Wilhelm Willms

aus: Wilhelm Willms, roter faden glück.
lichtblicke
© *Verlag Butzon & Bercker, Kevelaer 5/1988*

337

STERBEN
IN AUFERSTEHUNG HINEIN

Grade ein Dach über dem Kopf,
Tor, das zur Stille offensteht.
Mauern aus Haut und Fenster wie Augen,
spähend nach Hoffnung und Morgenrot.
Haus, das lebendiger Leib wird,
wenn wir hineingehen,
um ganz vor Gott zu stehen.

Worte von fern, fallende Sterne,
Funken, vor Zeiten hier ausgesät.
Namen für ihn, Träume, Signale,
tief aus der Welt zu uns geweht.
Münder aus Erde hören und sehen,
bergen in sich und sprechen fort
Gottes freies, erleuchtendes Wort.

Tisch des Einen, Brot, um zu wissen,
daß wir einander gegeben sind.
Wunder Gottes, Menschen in Frieden,
vergessen und neu, wie Geheimnisse sind.
Brechen und teilen, Unmögliches sein,
Unbedenkbares tun und sterben
in Auferstehung hinein.

Huub Oosterhuis

aus: Huub Oosterhuis, Mitten unter uns,
Verlag Herder, Wien 1982

DAMIT AUS FREMDEN FREUNDE WERDEN

1. Da - mit aus Frem - den Freun - de wer - den,
Kommst Du als Mensch in uns - re Zeit :
Du gehst den Weg durch Leid und Ar - mut,
da - mit die Bot - schaft uns er - reicht.

2. Damit aus Fremden Freunde werden,
   gehst Du als Bruder durch das Land,
   begegnest uns in allen Rassen
   und machst die Menschlichkeit bekannt.

3. Damit aus Fremden Freunde werden,
   lebst Du die Liebe bis zum Tod.
   Du zeigst den neuen Weg des Friedens,
   das sei uns Auftrag und Gebot.

4. Damit aus Fremden Freunde werden,
   schenkst Du uns Lebensglück und Brot:
   Du willst damit den Menschen helfen,
   retten aus aller Hungersnot.

5. Damit aus Fremden Freunde werden,
   vertraust Du uns die Schöpfung an;
   Du formst den Menschen Dir zum Bilde,
   er sie allein bewahren kann.

6. Damit aus Fremden Freunde werden,
   gibst Du uns Deinen Heiligen Geist,
   der, trotz der vielen Völker Grenzen,
   den Weg der Einigkeit uns weist.

Text und Melodie: Rolf Schweizer

aus: Chorgesänge des 20. Jahrhunderts, BA 1250
© *Bärenreiter-Verlag, Kassel*

Paul Reding „Geistsendung"

PFINGSTEN

Und als der Pfingsttag gekommen war, waren sie alle an einem Ort beieinander.

Und es geschah plötzlich ein Brausen vom Himmel wie von einem gewaltigen Wind und erfüllte das ganze Haus, in dem sie saßen.

Und es erschienen ihnen Zungen zerteilt, wie von Feuer; und er setzte
sich auf einen jeden von ihnen, und sie wurden alle erfüllt von dem heiligen Geist und fingen an, zu predigen in andern Sprachen, wie der Geist
ihnen gab auszusprechen.

Apostelgeschichte 2,1-4

VORBOTINNEN

Plötzlich fällt es mir
wie Schuppen von den Augen:
Frauen waren es,
die zu den Männern eilten,
die atemlos und verstört
die größte aller Nachrichten
weitersagten:

ER LEBT!

Stellt Euch vor, die Frauen
hätten
in den Kirchen Schweigen
bewahrt!

o. A.

TURMBAU ZU BABEL

Es hatte aber alle Welt einerlei Zunge und Sprache.

Als sie nach Osten zogen, fanden sie eine Ebene im Lande Schinar und wohnten daselbst.

Und sie sprachen untereinander: Wohlauf, laßt uns Ziegel streichen und brennen! — und nahmen Ziegel als Stein und Erdharz als Mörtel und sprachen: Wohlauf, laßt uns eine Stadt und einen Turm bauen, dessen Spitze bis an den Himmel reiche, damit wir uns einen Namen machen; denn wir werden sonst zerstreut in alle Länder.

Da fuhr der Herr hernieder, daß er sähe die Stadt und den Turm, die die Menschenkinder bauten.

Und der Herr sprach: Siehe, es ist einerlei Volk und einerlei Sprache unter ihnen allen, und dies ist der Anfang ihres Tuns; nun wird ihnen nichts mehr verwehrt werden können von allem, was sie sich vorgenommen haben zu tun.

Wohlauf, laßt uns herniederfahren und dort ihre Sprache verwirren, daß keiner des andern Sprache verstehe!

So zerstreute sie der Herr von dort in alle Länder, daß sie aufhören mußten, die Stadt zu bauen.

1. Mose 11,1-8

Pieter Bruegel/Pierre Brauchli
„Babylon heute", Bildmontage

erschienen im Tanner + Staehelin Verlag, CH 8034 Zürich
Erhältlich als Plakat oder Postkarte

343

HEILIGER GEIST

wie unheilig heillos die
geister wenn einer
ausgesondert sonderbar
heilig genannt werden muß

heiliger geist
vom zeitgeist reden beschwören
brandmarken ungeist verteufelt
beklagen geistlosigkeit und
fliehen wohin
mit dir nicht rechnen
wie auch
unverfügbar
unberechenbar
gnade wirklich

heiliger geist als
taube
haben die alten dich
gemalt
wird diese welt
deinen frieden leben

heiliger geist wie
feuer
brennt hast du entzündet
herzen seit alters
wirst du mich wärmen
begeistern verbrennen

heiliger geist
beistand
wirst du recht schaffen
denen die elend entrechtet
in der fremde

heiliger geist
weiblich
haben die alten
gefühlt dich gedacht
verwundet geschunden

vergewaltigt zum mann
gezwungen nicht erst
in alter zeit

heiliger geist zum
trost
bist du
werde ich mich trösten
lassen von dir entgeistert
werden

heiliger geist
wie heilvoll heilend
du
den ich heilig nenne in
der gemeinschaft der heiligen
in mir zu
wohnen
komm

heiliger geist

Michael Lipps

KEHRVERS

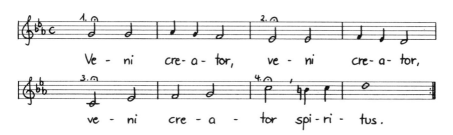

„Gesang aus Taizé" - Musik: Jacques Berthier;
© Les Presses de Taizé
Deutsche Rechte: Christophorus-Verlag, Freiburg

TANZE MICH, HEILIGER GEIST

Gott
Heiliger Geist
Soll ich
die Arme ausbreiten,
die Hände hochstrecken
oder
sinken lassen?

Warum
reißt du mir nicht
den Kopf zurück
in Begeisterung?

Ich
müßte meinen
Beinen und Füßen
das Tanzen
befehlen.

Bewege mich
Löse meine Arme
Löse meine Füße
Befreie mein Herz
Tanze mich
Heiliger Geist
Gott

o. A.

Wenn einer aus der Reihe tanzt
Holzschnitt von Schwester M. Sigmunda May OSF, 1979

SO KOMM ZU MIR

2. Er kommt zu dir, auch wenn ihm deine Tür verschlossen, zeigt er dir den Weg, der in die Wahrheit führt, der gute Schöpfer Geist.

3. Ich komm zu dir, Wohnung hat er in uns genommen, er löst, die gefangen, die vereinzelt sind, der gute Schöpfer Geist.

4. So komm zu mir, du findest meine Tür dir offen, mit deiner Lebendigkeit erfülle mich, Gott guter Schöpfer Geist.

Text: Michael Lipps
Melodie : Michael Bender

Der Refrain kann selbständig als Kanon gesungen werden.

3.10 auf Vollendung hin

SEIN WIE DIE TRÄUMENDEN

KEHRVERS

Wir er-war-ten ei-nen neu-en Himmel, wir er-war-ten ei-ne neu-e Er-de,

in de-nen Ge-rech-tig-keit wohnt, in de-nen Ge-rech-tig-keit wohnt.

2. Petrus 3, 13
Melodie: Michael Corth

Eine(r): Wenn der Herr die Gefangenen Zions erlösen wird,/
           so werden wir sein wie die Träumenden.+
Alle: Dann wird unser Mund voll Lachens/
           und unsre Zunge voll Rühmens sein.+
Eine(r): Dann wird man sagen unter den Heiden:/
           Der Herr hat Großes an ihnen getan!+
Alle: Der Herr hat Großes an uns getan;/
           des sind wir fröhlich.+
Eine(r): Herr, bringe zurück unsre Gefangenen,/
           wie du die Bäche wiederbringst im Südland.+
Alle: Die mit Tränen säen,/
           werden mit Freuden ernten.+
Eine(r): Sie gehen hin und weinen/
           und streuen ihren Samen/
           und kommen mit Freuden/
           und bringen ihre Garben.+

           KEHRVERS

Psalm 126

350

ES WAR SEHR GUT

Am Ende der Welt
möchte ich Gott reden hören:
Siehe sie war gut.

Bis zu den Enden der Erde
möchte ich Menschen singen hören:
Die Erde ist schön.

Am Ende meines Lebens
möchte ich danken können:
Wie es auch war es war gut.

Mitten im Leben
möchte ich lernen
zu sterben und zu leben.

Michael Lipps

ZURÜCK IN DEN GARTEN

In dieser Nacht beschloß Adam, Eva zu sagen, daß sie sterben müsse. Er weckte Eva auf, und Eva rieb sich die Augen und fragte, ob etwas mit den Kindern sei. Wir müssen sterben, sagte Adam, und es war ihm zumute, als beginge er einen Mord. Große Neuigkeit, sagte Eva spöttisch. Das weiß ich schon lang. Hast du dir keine Gedanken gemacht, fragte Adam, sobald er sich von seiner Überraschung erholt hatte. Was wir hier zurücklassen, ist unfertig und keinen Pfifferling wert.

Jemand wird es schon fertig machen, sagte Eva.

Die Kinder, sagte Adam streng, sind träge und leichtsinnig. Sie wissen nicht, was arbeiten heißt, und werden elend zugrunde gehen.

Es wird schon noch etwas aus ihnen werden, sagte Eva.

Und was wird aus uns, fragte Adam und stützte seinen Kopf auf die Hand.

Wir bleiben zusammen, sagte Eva. Wir gehen zurück in den Garten. Und sie legte ihre Arme um Adams Hals und sah ihn liebevoll an.

Ist er denn noch da? fragte Adam erstaunt.

Gewiß, sagte Eva.

Woher meinst du, fragte Eva, daß ich die Reben hatte, die ich dir gebracht habe, und woher meinst du, daß ich die Zwiebel der Feuerlilie hatte, und woher meinst du, hatte ich den schönen funkelnden Stein?

Woher hattest du das alles, fragte Adam.

Die Engel, sagte Eva, haben es mir über die Mauer geworfen. Wenn wir kommen, rufe ich die Engel, und dann öffnen sie mir das Tor.

Adam schüttelte langsam den Kopf, weil eine ferne und dunkle Erinnerung ihn überkam. Gerade dir, sagte er. Aber dann fing er an zu lachen, laut und herzlich, zum erstenmal seit, ach wie langer Zeit.

Marie Luise Kaschnitz

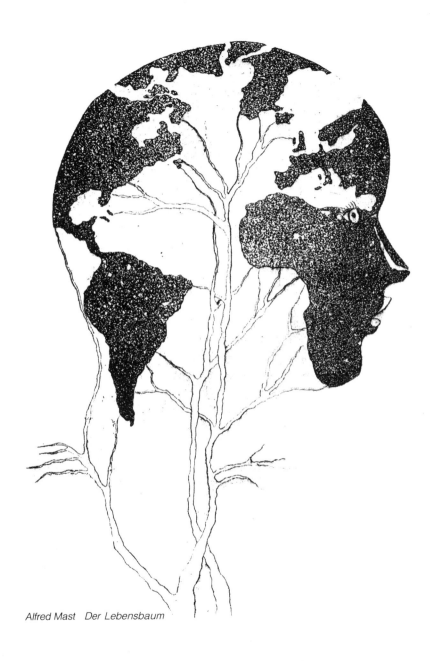

Alfred Mast   *Der Lebensbaum*

353

SPÜREN WAS UNS FEHLT

1. Spü - ren, was uns fehlt, lei - den, was uns äng - stet, se - hen, was uns trennt, wa - chen und le - ben.

2. Wissen, was wir tun,
   finden, was wir brauchen,
   werden, was wir sind,
   aufstehn und leben!

3. Teilen, was uns stärkt,
   träumen, was noch aussteht,
   fragen: wo ist Gott?
   umkehr'n und leben!

Text : Rüdiger Breer
Melodie : Gaby und Rainer Ibe

ZEICHEN DER LIEBE

Nachdem sie lange durch die Nacht gewandert war, stand sie endlich vor der Hütte. Aber sie konnte keine Tür daran entdecken bis auf eine Öffnung, die war so schmal, daß nur ein körperloser Körper Eingang zu finden vermocht hätte. Und in der Stille des dämmernden Morgens hörte sie im Innern, daß eine Stimme sie beweinte, wie man die Toten beweint.
Da klopfte sie an, und die Stimme fragte von drinnen:
„Wer ist dort?"
Sie antwortete:
„Ich."
In diesem Augenblick wurde ein großes Schweigen, und selbst die Blätter erstarben in ihrem Rauschen, und kein Vogel begann sein Morgenlied.
Aber von drinnen die Stimme antwortete nicht, und die Tür blieb verschlossen.
Da hüllte sich das Mädchen, ohne daß ein Wort der Klage ihren Lippen entschlüpfte, in den Schleier der Versenkung und streckte sich aus auf der bloßen Erde vor der Tür. Einen Tag lang und eine Nacht lag sie so, den Kopf im Schleier verborgen, und ließ in ihrem Herzen das Wissen reifen, daß die von der Liebe Gezeichneten sich selbst sterben müssen, ehe sie eintreten dürfen in ihr Haus.
Da stand sie auf und ging, im Strome unterzutauchen; alsdann kehrte sie mit schnellen Schritten zur Hütte zurück und klopfte ein zweites Mal an die Tür.
Und wieder fragte die Stimme von drinnen:
„Wer ist dort?"
Und das Mädchen antwortete diesmal:
„Du."
Und die Tür öffnete sich von selbst.
Was bleibt, ist das Geheimnis derer, die das Zeichen der Liebe tragen.

Arabische Legende

DEINE STIMME EMPFÄNGT MICH

Glauben Sie fragte man mich
An ein Leben nach dem Tode
Und ich antwortete: ja
Aber dann wußte ich
Keine Auskunft zu geben
Wie das aussehen sollte
Wie ich selber
Aussehen sollte
Dort
Ich wußte nur eines
Keine Hierarchie
Von Heiligen auf goldnen Stühlen sitzend
Kein Niedersturz
Verdammter Seelen

Nur
Nur Liebe frei gewordne
Niemals aufgezehrte
Mich überflutend
Kein Schutzmantel starr aus Gold
Mit Edelsteinen besetzt
Ein spinnwebenleichtes Gewand
Ein Hauch
Mir um die Schultern
Liebkosung schöne Bewegung
Wie einst von tyrrhenischen Wellen
Wie von Worten die hin und her
Wortfetzen
Komm du komm
Schmerzweb mit Tränen besetzt
Berg-und-Tal-Fahrt

Und deine Hand
Wieder in meiner
So lagen wir lasest du vor
Schlief ich ein
Wachte auf
Schlief ein
Wache auf
Deine Stimme empfängt mich
Entläßt mich und immer
So fort
Mehr also, fragen die Frager
Erwarten Sie nicht
nach dem Tode?
Und ich antworte
Weniger nicht.

Marie Luise Kaschnitz

LOSLASSEN

Nehmt Abschied, ihr Augen,
von allem, was ihr auf dieser Welt gesehen habt,
und richtet euch auf die Herrlichkeit Gottes.

Nehmt Abschied, ihr Ohren,
von allem, was ihr auf dieser Welt gehört habt,
und höret die Worte der Gnade und Barmherzigkeit Gottes.

Nimm Abschied, du Mund,
von allen Worten, die du in diesem Leben gesprochen hast,
und bereite dich, Gottes ewiges Lob zu sagen.

Nehmt Abschied, ihr Hände,
von eurem Arbeiten und Tun auf dieser Erde
und öffnet euch für Gottes ewige Gaben.

Nehmt Abschied, ihr Füße,
von den Wegen auf dieser Erde
und bereitet euch, den Weg zu Gott zu gehen.

Nehmt Abschied, ihr Gedanken,
von dieser Welt
und richtet euch hin zur ewigen Liebe Gottes.

Gott, der Herr, vergebe dir alles,
was dich von ihm geschieden hat,
und gewähre dir
durch unseren Herrn und Heiland Jesus Christus
den Eingang in seine Herrlichkeit.

Ruth Fuehrer

DURCHBRUCH

Aus tiefer Erschöpfung kurz erwachend, schaut der Todkranke auf und lächelt. Ihm bleiben nur wenige Tage noch. Langsam hebt er den Arm mir entgegen, so daß ich meinen Stuhl näher ans Spitalbett rücke. Erst denke ich, er suche meinen Händedruck. Doch streckte er den Arm noch weiter aus, so weit, daß seine Hand meine linke Wange erreichen und sie streicheln kann. „Sie sind ein Lieber, danke", sagte er leise. Danach sinkt er von neuem in seine Sterbensmüdigkeit zurück, die Augen fallen zu.

Welch unerwartete Geste der Zuneigung, ja Zärtlichkeit! Nie möglich, auch nie gesucht oder erwünscht, nicht einmal vorstellbar gewesen in den vielen Jahren zuvor. Désinvolture des Sterbens: alles ist erlaubt, keine Schranken mehr.

Nachher, von Verwirrung hin- und hergerissen, bleibe ich unschlüssig und bin's bis heute geblieben, ob ich's beklagen oder mit Dankbarkeit einfach hinnehmen soll, daß erst, aber wenigstens doch das Sterben einen solchen Durchbruch möglich macht.

Kurt Marti

Mit freundlicher Genehmigung des Radius-Verlags Stuttgart entnommen aus:
Kurt Marti: Lachen, Weinen, Lieben. Ermutigungen zum Leben
© Radius-Verlag, Stuttgart 1985

DU GEHÖRST ZU MIR

Ich denke an unser gemeinsames Leben,
an das, wo ich Grund habe zu danken. ...

Ich denke an das,
was uns getrennt hat,
wo wir einander weh getan haben,
was uns zueinander gehindert hat,
wo wir auch schuldig geworden sind,
damit Gott uns vergebe. ...

Ich denke an das,
was uns verbunden hat
und mich mit dir verbindet
noch heute
auch über dein Sterben hinaus. ...

Gott,
in dir sind wir
im Leben und im Sterben,
geborgen in deinem Frieden.

Michael Lipps

WENN EINER
ALLEINE TRÄUMT

kann es
seine seele
erquicken
doch kann es ihm auch
die sprache verschlagen

neue sprache
erreicht mich
im traum
von gottes boten
berührt

würde
wird wahr
im wort des engels
ich ahne
bestimmung
mensch des friedens
zu werden
zu sein

geöffnet
für gott
selbst im traum
wenn viele
gemeinsam träumen
so ist das
der beginn
neuer wirklichkeit
träumt
gottes traum

Manfred Wahl

Rembrandt: Jakobs Traum

WENN DIE BÜCHER
AUFGETAN WERDEN

wenn
die bücher aufgetan werden

wenn sich herausstellen wird
daß sie niemals geführt worden sind:
weder gedankenprotokolle noch sündenregister
weder mikrofilme noch computerkarteien

wenn
die bücher aufgetan werden

und siehe! auf seite eins:
    „habt ihr mich für einen
    eckenspäher und schnüffler gehalten?"
    und siehe! auf seite zwei:
    „der große aufpasser
oder unbruder: eure erfindung!"
und siehe! auf seite drei:
    „nicht eure sünden waren zu groß -
    eure lebendigkeit war zu klein!"

wenn
die bücher aufgetan werden

Kurt Marti

UND ICH HÖRTE EINE GROSSE STIMME

Und ich sah einen neuen Himmel und eine neue Erde; denn der erste Himmel und die erste Erde sind vergangen, und das Meer ist nicht mehr.

Und ich sah die heilige Stadt, das neue Jerusalem, von Gott aus dem Himmel herabkommen, bereitet wie eine geschmückte Braut für ihren Mann.

Und ich hörte eine große Stimme von dem Thron her, die sprach: Siehe da, die Hütte Gottes bei den Menschen! Und er wird bei ihnen wohnen, und sie werden sein Volk sein, und er selbst, Gott mit ihnen, wird ihr Gott sein; und Gott wird abwischen alle Tränen von ihren Augen, und der Tod wird nicht mehr sein, noch Leid noch Geschrei noch Schmerz wird mehr sein; denn das Erste ist vergangen.

Und der auf dem Thron saß, sprach: Siehe, ich mache alles neu!

Offenbarung 21, 1-5a

MITTEN IM LEBEN

1. Wir sind mitten im Leben zum
Sterben bestimmt; was da steht, das wird
fallen. Der Herr gibt und nimmt.

2. Wir gehören für immer dem Herrn, der uns liebt;
   was auch soll uns geschehen, er nimmt und er gibt.

3. Wir sind mitten im Sterben zum Leben bestimmt;
   was da fällt, soll erstehen. Er gibt, wenn er nimmt.

Text : Lothar Zenetti
Melodie: Herbert Beuerle

ÜBER DEN FLUSS SCHAUEN

Einmal kam der Tod über den Fluß, wo die Welt beginnt. Dort lebte ein armer Hirt, der eine Herde weißer Gänse hütete. „Du weißt, wer ich bin, Kamerad?" fragte der Tod. „Ich weiß, du bist der Tod. Ich habe dich auf der anderen Seite hinter dem Fluß oft gesehen."
„Du weißt, daß ich hier bin, um dich zu holen und dich mitzunehmen auf die andere Seite des Flusses."
„Ich weiß. Aber das wird noch lange nicht sein."
„Oder wird nicht lange sein. Sag, fürchtest du dich nicht?"
„Nein", sagte der Hirt. „Ich hab immer über den Fluß geschaut, seit ich hier bin, ich weiß, wie es dort ist."
„Gibt es nichts, was du mitnehmen möchtest?"
„Nichts, denn ich habe nichts."
„Nichts, worauf du hier noch wartest?"
„Nichts, denn ich warte auf nichts."

„Dann werde ich jetzt weitergehen und dich auf dem Rückweg holen. Brauchst du noch etwas, wünschst du dir noch was?" „Brauche nichts, hab' alles", sagte der Hirt. „Ich habe eine Hose und ein Hemd und ein Paar Winterschuhe und eine Mütze. Ich kann Flöte spielen, das macht mich lustig. Meine Gänse verstehen nicht viel von Musik."

Als dann der Tod nach langer Zeit wiederkam, gingen viele hinter ihm her, die er mitgebracht hatte, um sie über den Fluß zu führen. Da war ein Reicher dabei, ein Geizhals, der Zeit seines Lebens wertvolles und wertloses Zeug an sich gerafft hatte: Klamotten, auch Geld und Aktien und fünf Häuser mit etlichen Etagen. Der Mann jammerte und zeterte: „Noch fünf Jahre, nur noch fünf Jahre hätte ich gebraucht, und ich hätte noch fünf Häuser mehr gehabt. So ein Unglück, so ein Unglück verfluchtes!" Das war schlimm für ihn.

Ein Rennfahrer war unter ihnen, der Zeit seines Lebens trainiert hatte, um den großen Preis zu gewinnen. Fünf Minuten hätte er noch gebraucht bis zum Sieg. Da erwischte ihn der Tod. Ein Berühmter war dabei, dem ein Orden gefehlt hatte, nur ein einziger Orden, für den er Jahre aufgewendet hatte, da holte ihn der Bruder Tod. Das war schlimm für ihn. Schlimm für sie alle.

Als sie an den Fluß kamen, wo die Welt aufhört, saß dort der Hirt. Und als der Tod ihm die Hand auf die Schulter legte, stand er auf, ging mit ihm über den Fluß, als wäre nichts, und die andere Seite hinter dem Fluß war ihm auch nicht fremd. Er hatte Zeit genug gehabt, hinüberzuschauen, er kannte sich hier aus, und die Töne waren noch da, die er immer auf der Flöte gespielt hatte; er war sehr fröhlich. Das war schön für ihn. Was mit den Gänsen geschah? Ein neuer Hirt kam.

Janosch

aus: Janosch
Janosch erzählt Grimm's Märchen
Vierundfünfzig ausgewählte Märchen, neu erzählt für Kinder von heute.
Mit farbigen Bildern von Janosch selbst.
Beltz Verlag, Weinheim und Basel 1971
Programm Beltz & Gelberg, Weinheim

DAS HEMD DES GLÜCKLICHEN

Ein König war krank und sagte: „Die Hälfte des Reiches gebe ich dem, der mich gesund macht."

Da versammelten sich alle Weisen und überlegten, wie man den König gesund machen könne. Dach keiner wußte wie. Nur einer der Weisen sagte, daß es möglich sei, den Herrscher zu heilen. Er meinte: „Man muß einen glücklichen Menschen ausfindig machen, dem das Hemd ausziehen und es dem König anziehen. Dann wird der König gesund."

Und der König schickte überall hin, daß man in seinem weiten Reich einen glücklichen Menschen suche. Aber die Beauftragten fuhren lange im ganzen Reich umher und konnten keinen Glücklichen finden. Nicht einen gab es, der zufrieden war. Wer reich war, war krank; wer gesund war, war arm; wer gesund und reich war, der hatte ein böses Weib, und bei dem und jenem stimmte es mit den Kindern nicht. Über irgend etwas beklagten sich alle.

Aber einmal ging der Sohn des Königs spätabends an einer armseligen Hütte vorbei und hörte jemanden sagen: „Gottlob, zu tun gab es heute wieder genug, satt bin ich auch und lege mich nun schlafen. Was braucht es mehr?"

Der Königsohn freute sich, befahl seinen Dienern, diesem Menschen das Hemd auszuziehen und ihm dafür so viel Geld zu geben, wie er wolle, und das Hemd gleich dem König zu bringen.

Die Diener gingen eilends zu dem glücklichen Menschen hin und wollten ihm das Hemd ausziehen. Aber der Glückliche war so arm, daß er nicht einmal ein Hemd besaß.

Leo Tolstoi

AN JENEM TAGE

An jenem Tage
der kein Tag mehr ist -
vielleicht wird er sagen:

Was tretet ihr an
mit euren Körbchen voller Verdienste,
die klein sind wie Haselnüsse
und meistens hohl?
Was wollt ihr
mit euren Taschen voller Tugenden,
zu denen ihr gekommen seid
aus Mangel an Mut,
weil euch Gelegenheit fehlte
oder
durch fast perfekte Dressur?

Habe ich euch
davon nicht befreit?

Wissen will ich:
Habt ihr die andern
angesteckt mit Leben?

Joachim Dachsel

aus: Anthologie „Spuren im Spiegellicht"
© *1982 Union Verlag, Berlin*

SILVESTER

Gott
gedenke mein nach deiner Gnade
Herr
erhöre mich mit deiner treuen Hilfe

am Ende dieses Tages am Ende des Jahres
nach dem Fest auch
komme ich zu dir

sammle meine Gedanken und Sinne
daß nicht verlorengehe was bleiben soll

gedenke meiner an der Schwelle der Jahre
gedenke meines Lachens und meines Weinens
meiner Verzagtheit und meines Trostes
meiner Angst und meiner Schritte
meiner Sehnsucht meiner Hände meiner Worte
und deiner Erfüllung

gedenke derer die mich begleiten
auch dessen wo wir uns gehindert

komm mir nahe in meinem Entsetzen über Katastrophen
und das was Menschen sich antun auch ich
komm mir nahe mit deiner Weisheit
von deiner Geduld gib meinem Lieben

gedenke meiner Zeit ob ich sterbe oder lebe
laß mich nicht allein

Gott
gedenke mein nach deiner Gnade
Herr
erhöre mich mit deiner treuen Hilfe

Michael Lipps, nach einer Idee von Klaus Bannach

TRAUM

Träume den Traum nur zu Ende
Rufe nicht laut durch die Nacht
Ein Engel breitet die Hände
Löst dir den Schleier ganz sacht

Nimmt von den Füßen die Bande
Schmilzt dir vom Herzen das Eis
Trägt dich auf Flügeln in Lande
Von denen die Erde nichts weiß

Irmtraud Tzscheuschner

PREISUNGEN

preise den rhythmus gebogener räume
   die gestirne entwandernd ins all

preise die dunkelstürze von meeren
   der mondgebirge fata morgana

preise den sonnensabbat
   das kosmische fest

preise den tödlichen ernst
   der heimkehrt ins göttliche spiel

preise mohammed und marx.
   in gesprächen dereinst an fröhlicher tafel

preise buddha und einstein
   die geige im baum das abendgelächter

preise der greisinnen herzlichen mut
   die kühnen revolten göttlicher hoffnung

preise die häresien der liebe
   und die auferstehung vom tod

preise den gott im bauche des mädchens
   den heiligen embryo unserer zukunft

preise den tag da warm und wie sommer
   weihnachten ausbrechen wird auf erden

preise die nacht da der bruder aus nazareth tanzt
   inmitten einer endlich herrenlosen gesellschaft

Kurt Marti

GEWISSHEIT

Ist Gott für uns, wer kann wider uns sein?
Der auch seinen eigenen Sohn nicht verschont hat, sondern hat ihn für uns alle dahingegeben — wie sollte er uns mit ihm nicht alles schenken? Wer will die Auserwählten Gottes beschuldigen? Gott ist hier, der gerecht macht.
Wer will verdammen? Christus Jesus ist hier, der gestorben ist, ja vielmehr, der auch auferweckt ist, der zur Rechten Gottes ist und uns vertritt. Wer will uns scheiden von der Liebe Christi? Trübsal oder Angst oder Verfolgung oder Hunger oder Blöße oder Gefahr oder Schwert?
wie geschriehen steht (Psalm 44,23):
„Um deinetwillen werden wir getötet den ganzen Tag; wir sind geachtet wie Schlachtschafe."
Aber in dem allen überwinden wir weit durch den, der uns geliebt hat.
Denn ich bin gewiß, daß weder Tod noch Leben, weder Engel noch Mächte noch Gewalten, weder Gegenwärtiges noch Zukünftiges, weder Hohes noch Tiefes noch eine andere Kreatur uns scheiden kann von der Liebe Gottes, die in Christus Jesus ist, unserm Herrn.

Römer 8,31b-39

GEDENK AN UNS, O HERR

KEHRVERS

Ge-denk __ an uns, o Herr, wenn du in dein Reich kommst.

I
1. Se - - lig sind, die geist - lich arm sind,

denn ihnen gehört das Him - mel - reich.

II
2. Se - - lig sind, die Leid tra - gen,

denn sie sollen ge - trö - stet wer - den.

KEHRVERS

372

3. Se - - lig sind die Sanft-mü-ti-gen,
denn sie werden das Erd-reich be - sit - zen.

4. Se - - lig sind, die da hungern und dürsten nach der Ge-
rech-tig-keit, denn sie sollen satt wer-den.

KEHRVERS

5. Se - - lig sind die Barm-her-zi-gen,

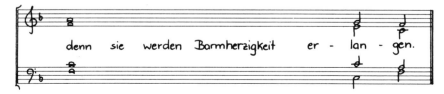

denn sie werden Barmherzigkeit er - lan - gen.

KEHRVERS

6. Se - - lig sind, die rei - nen Her - zens sind,
denn sie werden Gott schau - en.

7. Se - - lig sind, die Frie - den stif - ten,
denn sie werden Gottes Kinder hei - ßen.

8. Se - - lig sind, die um der Gerechtigkeit wil - len Ver -
folg - ten, denn ihnen gehört das Him - mel- reich.

KEHRVERS

374

Text: Mt. 5, 3–10
Melodie: aus der Liturgie der Russ.-Orth. Kirche
Satz: Götz Wiese
aus: Kirchentagsliederheft, „Beiheft 83"
© Hänssler-Verlag, Neuhausen-Stuttgart

ANHANG

HINWEISE

REGISTER

VERZEICHNISSE

zu Texten, Bildern, Autoren

LITURGIE DES MORGENGEBETS

MORGENLIED ODER KEHRVERS

Eine(r):	Herr, tue meine Lippen auf, +
Alle:	daß mein Mund deinen Ruhm verkündige. +
Eine(r):	Gott, gedenke mein nach deiner Gnade. +
Alle:	Herr, erhöre mich mit deiner treuen Hilfe. +
Eine(r):	Ich breite meine Hände aus zu dir,/ meine Seele dürstet nach dir wie ein dürres Land. +
Alle:	Laß mich am Morgen hören deine Gnade;/ denn ich hoffe auf dich. +
Eine(r):	Tu mir kund den Weg, den ich gehen soll;/ denn mich verlangt nach dir. +
Alle:	Lehre mich tun nach deinem Wohlgefallen,/ denn du bist mein Gott; +
Eine(r):	dein guter Geist führe mich auf ebner Bahn. +

KEHRVERS

Eine(r):	Die Nacht ist vergangen,/ der Tag ist herbeigekommen. +
Alle:	Laßt uns wachsein und merken auf das,/ was Gott uns heute schenkt. +
Eine(r):	Laßt uns Gott danken,/ der uns bewahrt hat in dieser Nacht. +
Alle:	Laßt uns Gott loben,/ der uns begleitet in diesen Tag. +
Eine(r):	Laßt uns Gott singen,/ der unsere Tage vollendet. +
Alle:	Die Nacht ist vergangen,/ der Tag ist herbeigekommen. +
Eine(r):	Laßt uns wachsein und merken auf das,/ was Gott uns heute schenkt. +
Alle:	Lob sei dir, o Gott,/ wie gestern so auch heute/ und allezeit, Amen.

KEHRVERS

(Biblische) Lesung und/oder Hinführung zur Stille

KEHRVERS

Gebet · Segen

LITURGIE DES ABENDGEBETS

ABENDLIED ODER KEHRVERS

Eine(r):	Gott, gedenke mein nach deiner Gnade. +
Alle:	Herr, erhöre mich mit deiner treuen Hilfe. +
Eine(r):	Deine Güte reicht, so weit der Himmel ist, +
Alle:	und deine Wahrheit, so weit die Wolken gehen. +
Eine(r):	Deine Gerechtigkeit steht wie die Berge Gottes und dein Recht wie die große Tiefe./ Herr, du hilfst Menschen und Tieren. +
Alle:	Wie köstlich ist deine Güte, Gott,/ daß Menschenkinder unter dem Schatten deiner Flügel Zuflucht haben! +
Eine(r):	Sie werden satt von den reichen Gütern deines Hauses, +
Alle:	und du tränkst sie mit Wonne wie mit einem Strom. +
Eine(r):	Denn bei dir ist die Quelle des Lebens,/ und in deinem Licht sehen wir das Licht. +
	KEHRVERS
Eine(r):	Der Tag ist vergangen,/ der Abend ist herbeigekommen. +
Alle:	Laßt uns still werden/ und beten zu Gott. +
Eine(r):	Dein ist das Licht des Tages,/ dein ist das Dunkel der Nacht./ Dein sind Leben und Tod. +
Alle:	Dein sind auch wir,/ wir beten dich an. +
Eine(r):	Du hast uns geschaffen,/ und unruhig ist unser Herz,/ bis es ruht in dir. +
Alle:	Der Tag ist vergangen,/ der Abend ist herbeigekommen. +
Eine(r):	Laßt uns still werden/ und anbeten Gott, den Herrn. +
Alle:	Dir sei Ehre,/ wie gestern so auch heute/ und allezeit. Amen.

KEHRVERS

(Biblische) Lesung und/oder Hinführung zur Stille

KEHRVERS

Gebet · Segen

STICHWORTREGISTER

VERZEICHNIS BIBLISCHER TEXTE UND TEXTBEZÜGE

386

VERZEICHNIS DER PSALMGEBETE

VERZEICHNIS DER LIEDANFÄNGE

VERZEICHNIS DER KANONS
UND KEHRVERSE (Kv)

Anmerkung: Jeder Kanon kann als Kehrvers gesungen werden.

VERZEICHNIS DER BILDER

VERZEICHNIS DER TEXTE – AUTOREN UND FUNDORTE

398

in Zusammenarbeit mit Christian Zippert
Abendmahl
Gütersloh: Gütersloher Verlagshaus Gerd Mohn, 1977, S. 24

ders.:   Versag dich nicht   135
in: Lipps, Michael
Zwischen den Zeiten II
Rastatt: 1984, S. 28

ders.:   Heiliger Geist   344/345
a. a. O., S. 30 f

ders.:   Ungebeten   120
a. a. O., S. 32

ders.:   Gott   112
a. a. O., S. 35

ders.:   Es gibt dich   246
a. a. O., S. 38

ders.:   Es war sehr gut   351
a. a. O., S. 39

ders.:   Osternacht   332
in: Lipps, Michael
Zwischen den Zeiten III
Rastatt: 1985, S. 32

ders.:   Silvester   368
a. a. O., S. 54 f.
nach einer Idee von Bannach, Klaus
Gebete der Stille
Stuttgart: Radius-Verlag, 1979, S. 14

ders.:   Geheiligt werde sein Name   305
in: Lipps, Michael
Zwischen den Zeiten IV
Rastatt: 1986, S. 18

ders.:   Gott   36
a. a. O., S. 30

ders.:   Beten nach Tschernobyl   211
a. a. O., S. 36

ders.:   Du gehörst zu mir   359
a. a. O., S. 56

Luther, Martin: Morgensegen   237
Abendsegen   261
in Evang. Kirchengesangbuch

de Madariaga, Salvador: Fübitte   172
in: Brinkel, Wolfgang (Hrsg.)
Begegnungen
Berlin: Aktion Sühnezeichen/Friedensdienste, 1985, S. 65

Marti, Kurt: Der Name   210
in: Marti, Kurt
Geduld und Revolte, Die Gedichte am Rand
Stuttgart: Radius-Verlag, 1984

ders.:   Wenn die Bücher aufgetan werden   362
in: Marti, Kurt
Abendland
Darmstadt und Neuwied: Hermann Luchterhand Verlag,
1980, S. 71

ders.:   Preisungen   370
a. a. O., S. 92

400

ders.:   Intonation   187
                                in: Erk, Wolfgang / Krummacher, Jo (Hrsg.)
                                Motivationen
                                Stuttgart: Radius-Verlag, 1982, S. 9
ders.:   Mitstreiter des Auferstandenen   71
                                a. a. O., S. 347
ders.:   Jesus   45
                                in: Kuschel, Karl-Josef (Hrsg.)
                                Der andere Jesus
                                Köln: Benziger Verlag
                                Gütersloh: Gütersloher Verlagshaus Gerd Mohn, 1983,
                                S. 399 f.
ders.:   gleichnis in der progression   52
                                in: Drewitz, Ingeborg (Hrsg.)
                                Geduld und Revolte
                                Stuttgart, Radius-Verlag, 1984, S. 48
ders.:   Das leere Grab   322
                                a. a. O., S. 67
ders.:   Durchbruch   358
                                in: Marti, Kurt
                                Lachen, Weinen, Lieben
                                Stuttgart: Radius-Verlag, 1985, S. 91
ders.:   Glückwünsche   148
                                a. a. O., S. 94
Mayer-Skumanz, Lene: Jakob wartet auf Weihnachten   292
                                in: Conrad, Elfriede u. a. (Hrsg.)
                                Erzählbuch zum Glauben, Bd. 1
                                Köln: Benziger Verlag
                                Lahr: Verlag Ernst Kaufmann, 1981, S. 226
de Mello, Anthony: Der gesprächige Liebhaber   33
                                in: de Mello, Anthony
                                Warum der Vogel singt
                                Freiburg: Herder Verlag, ³1984, S. 78/79
ders.:   Der Zen-Meister und der Christ   72
                                a. a. O., S. 80/81
Michaelsbruderschaft: Der Herr ist auferstanden   323
                                in: Völker, Alexander (Hrsg.)
                                Die Feier der Osternacht
                                Kassel: Johannes Stauda Verlag, 1983, S. 53

Nagorni, Klaus: Es war einmal ein reicher Mann   48
                                (Quelle unbekannt)
Nouwen, Henri J. M.:   In ihm Leben finden   154
                                in: Nouwen, Henri J. M.
                                In ihm Leben finden
                                Freiburg: Herder Verlag, ⁴1982, S. 77/78
ders.:   Bereit   18
                                a. a. O., S. 91

Ökumenischer Rat
der Kirchen: Kein Frieden ohne Gerechtigkeit   173
                                in: Müller-Römheld, Walter (Hrsg.)
                                Bericht aus Vancouver 1983
                                Frankfurt: Verlag Otto Lembeck, 1983, S. 161/162
ders.:   Herausgefordert   188
                                a. a. O., S. 167

Schweitzer, Albert:	Ehrfurcht vor dem Leben	203
	in: Schweitzer, Albert	
	Die Ehrfurcht vor dem Leben	
	München: C. H. Beck'sche Verlagsbuchhandlung, 1966	
Seidel, Ina:	Beten	16
	in: Heinz-Mohr, Gerd (Hrsg.)	
	Plädoyer für den Hymnus	
	Kassel: Johannes Stauda Verlag, 1981, S. 256	
Seidel, Uwe:	. . . Alle Tage	95
	in: Seidel, Uwe / Zils Diethard (Hrsg.)	
	Das Brot ist der Himmel	
	Düsseldorf, Patmos Verlag, 1985, S. 124	
Sölle, Dorothee:	Nicht vom Brot allein . . .	86
	in: Sölle, Dorothee	
	Die Hinreise	
	Stuttgart: Kreuz Verlag, ⁴1977, S. 7–9	
dies.:	. . . treibt die Furcht aus	57
	in: Sölle, Dorothee	
	Spiel doch von Brot und Rosen	
	Berlin: Fietkau Verlag, 1981, S. 66	
dies.:	Lieben und Arbeiten	217
	in: Sölle, Dorothee	
	lieben und arbeiten	
	Stuttgart: Kreuz Verlag, ³1986, S. 150/151	
Specht Hugo:	In seinen Händen	130
Steffen, Uwe:	Die Perle	138
	in: Jona und der Fisch	
	Stuttgart: Kreuz Verlag, 1982, S. 44/45	
Stork, Dieter:	Das Brot teilen	84
	in: Affolderbach, Martin (Hrsg.)	
	Gebete und Meditationen für die Gruppe	
	Gütersloh: Gütersloher Verlagshaus Gerd Mohn, 1985,	
	S. 26	
Stückelberger, Christoph:	Hoffnungsvolle Tätigkeiten	155
	in: Affolderbach, Martin (Hrsg.)	
	Gebete und Meditationen für die Gruppe	
	Gütersloh: Gütersloher Verlagshaus Gerd Mohn, 1985,	
	S. 30/31	
Traitler, Reinhild:	Noch warten wir	168
	in: Evang. Missionswerk (Hrsg.)	
	Wir sind keine Fremdlinge mehr	
	Hamburg: Evang. Missionswerk, ²1987, S. 74/75	
Tolstoi, Leo:	Das Hemd des Glücklichen	366
	in: Polewsky, Elke u. a. (Hrsg.)	
	Fundgrube	
	Düsseldorf: Patmos Verlag, ³1987, S. 89	
Tümtürk, Cemal:	Vor unserer Tür	174
	zit. in: Zum Weitergehen	
	Arbeitshilfen der Evang. Frauenhilfe in Deutschland e. V.	
	Ausgabe 4, 9/85	
Tzscheuschner, Irmtraud:	Traum	369
	(Quelle unbekannt)	

404

Für die folgenden Beiträge war der Autor nicht eruierbar. Wir wären für entsprechende Hinweise dankbar.

VERZEICHNIS DER BILDER –
KÜNSTLER UND FUNDORTE

Habdank, Walter:	Jona im Bauch des Fisches in: Rotermund, Hans-Martin (Hrsg.) Graphik zur Bibel Freiburg: Christopherus Verlag Lahr: Verlag Ernst Kaufmann, 1966, Bild-Nr. 87	56
Herrmann, Reinhard:	Abraham unter den Sternen in: Pokrandt, Anneliese Elementarbibel Bd. 1 Lahr: Verlag Ernst Kaufmann München: Kösel-Verlag, 1973, S. 9	43
ders.:	Abraham und Sara in Mamre a. a. O., S. 12	281
ders.:	Elija in der Wüste in: Pokrandt, Anneliese Elementarbibel Bd. 5 Lahr: Verlag Ernst Kaufmann München: Kösel-Verlag, 1981, S. 23	110
Jasper, Wiltraud:	Lobpreis der Wächter Zions in: Rotermund, Hans-Martin (Hrsg.) Graphik zur Bibel Freiburg: Christopherus Verlag Lahr: Verlag Ernst Kaufmann, 1966, Bild-Nr. 72	287
Kollwitz, Käthe:	Maria und Elisabeth in: Hürlimann, Christoph Wandern im finstern Tal Lahr: Verlag Ernst Kaufmann, 1984, S. 7	191
dies.:	Schutzmantelmadonna in: Timm, Werner Käthe Kollwitz Berlin: Henschel Verlag, 1984	299
dies.:	Deutschlands Kinder hungern in: Arbeitsmappe 4 Düsseldorf: Kirchentag 1985	165
de Kort, Kees:	Bartimäus in: Deutsche Bibelgesellschaft (Hrsg.) Bartimäus Stuttgart: Deutsche Bibelgesellschaft, 1968	54
Masereel, Frans:	Verlorenes Kind in: Masereel, Frans Mein Stundenbuch Zürich: Europa Verlag	123
Mast, Alfred:	Der Lebensbaum in: Religion heute Frankfurt: Athenäum Verlag, Heft 2/87, S. 89	353
May, Sigmunda:	Ich lege mein Wort in deinen Mund in: Geistes-Gegenwart Arbeitskatalog erstellt von Hofmeister, Gerhard / Mayer, Helmut Löwenstein: Materialdienst der Evang. Tagungsstätte, 1985, S. 49	129
dies.:	Wenn einer aus der Reihe tanzt a. a. O., S. 54 Alle Rechte bei: Kloster Sießen, 88348 Saulgau	347

Von Allen Seiten umgibst Du mich.

B.K 93

411

VON ALLEN SEITEN
UMGIBST DU MICH

Ja, das möchte ich nachsprechen können –
an jedem Tag. In jeder Minute meines Lebens
möchte ich das alles singen können.
Nicht nur in den festlichen Augenblicken,
wenn es mir leicht wird
Dich, Gott, zu preisen,
Dich nahe zu spüren –
und dann zu sagen:
ja, Du bist da, Du umgibst mich.

Aber ich weiß auch um die Dunkelheiten:
Stunden in denen ich nichts sehe –
jene gottverlassene Einsamkeit.
Und wenn Du dastehst
dann sehe ich nur einen drohenden Schatten
undeutlich und erschreckend
Bist Du auch das?
Bist Du mir nahe auch als jener Fremde?

Ich möchte Dich immer wissen
in allen meinen Gedanken,
in dem, was ich fühle und begreife.
Wenn ich aufstehe – bist Du da.
Wenn ich mich fertig mache am Morgen.
Wenn ich mit der Arbeit beginne –
bist Du da.
Wenn mir Menschen begegnen
lächelnd oder ärgerlich –
dann bist Du da.

Wenn ich Dich beiseite schiebe
weil ich mit jemandem hart umgehen will,
wenn ich einen Umweg mache
auf meinem Lebensweg,
wenn ich mich selbst belüge –
bist Du da – und siehst mich traurig an.
Wenn ich nicht mehr weiter weiß,
spüre ich Deine Hand,
die mir ein anderer reicht.
Wenn ich traurig bin,
ermutigt mich Dein Lächeln,
das ein liebes Gesicht mir zeigt.
Wenn ich ohne Hoffnung müde werde,
höre ich Dein Wort,
das mir ein Fremder sagt.

Ja, Du umgibst mich,
auch wenn ich in meinen Gedanken
oft bis ans Ende der Welt fliehe.
Wenn ich mir selbst fremd bin
und fern von dem, was ich selbst sein will,
dann bist Du auch noch dort
und Deine Nähe reicht auch noch
in diese Ferne.
Ja, Du bist mein Tag und meine Nacht,
mein Leben und mein Sterben.
Du bist dicht neben mir,
wenn ich auf Deinem Weg gehe.
Du läßt mich nicht laufen,
wenn ich Dich verlasse.
Du bist bei mir – ich bin nicht allein.

Text von Paulus Stein nach Psalm 139

NOTIZEN